Juste après la fin du monde

Frédéric Lenoir

Juste après la fin du monde

NiL

ISBN 978-2-84111-675-1

Dépôt légal : avril 2021
NiL éditions, 92, avenue de France, 75013 Paris

1

Émerveillement

La petite fille posa sa cruche sur le bord de la route et courut jusqu'au village en criant de toutes ses forces : « La Vivante, la Vivante ! Elle arrive ! Elle vient nous visiter ! » À ces mots, les visages des vieux comme des jeunes s'illuminèrent. Tous se pressèrent à l'entrée du village pour accueillir la jeune femme qui marchait d'un pas lent et gracieux. Bien qu'elle fût de type européen, elle était vêtue d'un sari indien blanc et avait pour seul bagage un petit sac qu'elle portait en bandoulière. Il contenait un linge de rechange, une cuillère, une gourde et un bol en fer avec lequel elle mendiait sa nourriture et où elle la faisait parfois cuire. Elle marchait pieds nus, à l'aide d'un grand bâton. Une horde d'enfants l'accompagnaient partout. Tous avaient perdu leur famille pendant la Grande Catastrophe ou durant les années noires de violence et d'épidémies qui avaient suivi. De nombreux adultes avaient souhaité l'accompagner dans ses pérégrinations, mais elle n'avait accepté que la présence d'enfants. Comme elle apprenait aux survivants à vivre de manière juste et bonne, ils l'avaient appelée « la Vivante ».

Arrivée au centre du village, la petite bande s'installa près du puits. Les habitants leur donnèrent de l'eau et à manger. Tandis que les enfants se dispersaient joyeusement à la rencontre d'autres enfants, la jeune femme proposa aux villageois de s'assoir en cercle autour d'elle. Tous l'observaient avec soin, tandis qu'elle terminait son repas, en prenant le temps de savourer chaque bouchée. Une fois qu'elle eut fini, elle ferma les yeux. On pouvait deviner un murmure sur ses lèvres. Un silence apaisant s'étendit sur toute la place, à peine troublé par les éclats de rire des enfants. Elle ouvrit les yeux et dit : « Ô survivants, merci pour cette eau et cette nourriture et plus encore pour vos cœurs grands ouverts. Que voulez-vous savoir ? » Une jeune femme, tenant un bébé dans les bras, prit la parole : « Dis-nous la qualité la plus importante que nous devons développer pour être de bons êtres humains et ne plus reproduire les erreurs du passé qui ont conduit à la Grande Catastrophe ? » Elle sourit et répondit :

« Il y a de nombreuses qualités à développer pour grandir en humanité. Mais la mère de toutes est sans doute l'émerveillement. Un homme ou une femme qui ne savent plus s'étonner et s'émerveiller perdent ce qu'il y a peut-être de plus essentiel dans leur humanité : la conscience de l'éclat du monde et du miracle de la vie. Comment ne pas s'émerveiller devant la beauté de la voûte céleste et l'harmonie du cosmos ? Devant l'apparition du soleil à la pointe de l'aube et son coucher rougeoyant au crépuscule du jour ? Comment ne pas s'émerveiller face à la majesté des cimes enneigées ? Face à l'infinité des horizons marins ? Devant un champ de coquelicots ou de blé, ondulant sous la caresse du vent ? Comment ne pas s'émerveiller en écoutant le chant du hibou ou du rossignol ? En regardant une rose éclore ? En contemplant la danse des papillons et des abeilles, qui butinent de fleur en fleur, ou bien celle des dauphins dans l'océan, ou des hirondelles dans l'azur ? Comment ne pas s'émerveiller devant la féerie des forêts et la bonté des vergers ? Devant la puissance sereine du chêne, la souplesse du roseau, le parfum délicat du genévrier, la finesse du cyprès, la générosité du pommier, l'élégance du bouleau, la résilience de l'olivier, la tristesse nostalgique du saule pleureur, la joie colorée de l'érable ? Comment ne pas s'émerveiller en regardant un chat s'étirer avec grâce et nonchalance, un cerf bondir avec vélocité, un aigle tournoyer dans le ciel avec majesté, un chien gambader joyeusement, une fourmi accomplir sa tâche avec persévérance, quels que soient les obstacles rencontrés ? Comment ne pas s'émerveiller en observant pousser les graines que nous avons semées ? En voyant les tomates rougir et s'attendrir ? En se laissant enivrer par le parfum envoûtant du jasmin, du chèvrefeuille ou du lilas ? Oui, comment ne pas s'émerveiller devant la beauté et la bonté du monde ? »

La jeune femme fit une pause et but une gorgée d'eau claire. Son regard habité croisa celui, ému, de ses hôtes. Puis elle posa les yeux sur le bébé qui souriait dans les bras de sa mère et caressa doucement son visage.

« Comment ne pas s'émerveiller de cette vie que tu as donnée en t'accouplant avec ton compagnon ? Du merveilleux sourire de cet enfant ? De sa personnalité unique, que tu vois déjà s'exprimer ? De ce lien d'amour qui vous relie, qui est plus fort que tout ? Comment ne pas s'émerveiller des innombrables fonctions de son corps qui lui permettent de se maintenir en vie et de se développer ? De son souffle qui le relie au souffle universel de la vie ? De son cœur qui bat tant de fois chaque jour ? De ses muscles qui lui permettront de marcher et de courir ? De ses yeux qui observent le monde coloré autour de lui ? De ses oreilles qui lui apportent la joie d'entendre ta voix et le chant des oiseaux ? De sa peau qui lui donne le bonheur de toucher la tienne ? De sa bouche qui se nourrit de ton lait ? De son nez qui le rassure par ton odeur ? La vie n'est-elle pas un miracle permanent ?

« Malheureusement, beaucoup d'hommes et de femmes de l'Ancien Monde l'avaient oublié et ils avaient dès lors cessé de s'émerveiller. Ils ne s'étonnaient plus du mystère du monde et de l'existence. Trop préoccupés qu'ils étaient à travailler pour acheter des biens matériels, ils en ont oublié l'essentiel. Et, lorsque leurs enfants les questionnaient sur le pourquoi de l'univers et de la vie, ils trouvaient ces questions bien peu sérieuses. Pourtant les enfants, parce qu'ils s'étonnent de tout et savent encore s'émerveiller, sont bien plus profonds que les adultes. Alors je vous le dis, si vous ne réveillez pas votre cœur d'enfant, si vous perdez l'émerveillement, vous passerez à côté du sel de la vie. Vos existences seront bien remplies, mais sans saveur. Elles seront efficaces, mais dénuées de joie et de poésie, car vous ne serez plus reliés à la magie de la vie. »

2

Nourriture

Une femme âgée prit la parole : « Pourquoi as-tu fermé les yeux et pris un temps de silence avant et après avoir mangé ? Parle-nous de la nourriture. » La jeune femme lui répondit :

« Ô survivants, écoutez ceci : pour pouvoir subsister et nous développer, la loi de la vie nous impose de manger un autre vivant, qu'il appartienne au règne végétal ou animal. Les vaches broutent l'herbe ; les poissons se mangent entre eux, ou se nourrissent de plancton ou d'insectes ; les loups dévorent les brebis et vous-mêmes, vous vous nourrissez de plantes, de fruits et parfois de chairs animales. Mais n'oubliez jamais que ce que nous mangeons est habité par le souffle sacré de la vie. Tous les êtres vivants – les arbres, les plantes, les animaux – ont une sensibilité et aspirent à vivre.

Puisque nous savons cela et que nous devons néanmoins tuer un autre être vivant pour subsister, il est important d'avoir conscience de la gravité de cet acte et de le remercier de nous offrir sa vie. C'est pourquoi je prends ce temps de respect et de gratitude avant de me nourrir et après avoir mangé. Manger est un acte sacré. »

Un jeune homme prit la parole : « On dit que tu ne manges jamais la chair des animaux. Est-ce un mal de tuer un animal pour survivre ?

— Si cela est nécessaire pour subsister, ce n'est pas un mal. J'ai connu des peuples des montagnes qui n'avaient d'autres solutions que de chasser et des peuples de la mer, que de pêcher. Mais ils le faisaient sans cruauté, évitant à l'animal toute souffrance inutile. Si vous pouvez manger les fruits de la terre, comme ces graines et ces légumes que vous m'avez donnés, alors il est plus juste de ne pas élever un animal pour le tuer. Et si vous élevez des animaux pour leur lait, ne séparez pas la mère de son enfant pour en avoir en plus grande quantité. Et si vous élevez une poule qui vous donne généreusement ses œufs tous les jours de l'année, laissez-la vivre son temps et ne la remerciez pas de sa générosité en lui ôtant la vie pour la dévorer. Veillez toujours au bien-être de vos animaux : qu'ils puissent vivre et grandir selon leurs besoins naturels et affectifs, comme vous le souhaitez pour vous-mêmes.

« De même, respectez la terre qui fait pousser vos légumes et vos céréales : ne l'épuisez pas et laissez-la se reposer quand cela est nécessaire. La terre est un merveilleux jardin qui offre aux vivants tout ce dont ils ont besoin pour grandir et s'épanouir. Ne l'exploitez pas par pure avidité, comme les hommes et les femmes de l'Ancien Monde. Respectez ses lois et ses besoins. Car vous êtes des enfants de la terre et le mal que vous faites à la terre, c'est à vous-mêmes que vous l'infligez. »

Un homme prit la parole : « Je comprends bien cela. Dans l'Ancien Monde, j'avais une grosse exploitation agricole et j'ai contribué à faire souffrir la terre et les bêtes. Je regrette mon attitude passée, mais avions-nous vraiment le choix ? Il fallait nourrir des millions de personnes dans les grandes cités… » La femme le regarda avec tendresse.

« Tu as peut-être agi par ignorance, en faisant comme on t'a dit de faire. Tu n'es pas plus responsable que ceux qui mangeaient sans chercher à savoir d'où venait leur nourriture et comment avaient été traités la terre et les animaux. L'Ancien Monde était mené par une petite minorité d'hommes cupides et sans scrupules et la grande majorité des humains ne pensaient pas mal agir. Mais ils étaient complices d'un système destructeur, qu'ils ont fait perdurer par leur docilité et leur manque de discernement. La trop grande concentration d'hommes et de femmes dans des immenses cités a été la cause de ces dérives, de ce pillage de la terre et de cette maltraitance à grande échelle des animaux. Il ne faudra plus commettre l'erreur de vivre dans de si grandes villes, où les humains sont coupés du lien vital à la nature. Ce sont aussi leurs habitants qui ont le plus péri et souffert après la Grande Catastrophe. Ils ne savaient pas comment survivre, comment se nourrir, comment se protéger. Toi, mon ami, même si tu ne l'as pas toujours respecté dans le passé, ton ancrage à la terre t'a permis de subsister, comme la plupart des survivants que je rencontre.

Nourriture

« Continuez de vivre dans des petites communautés et à cultiver la terre, notre mère nourricière, avec soin et gratitude. »

3

Émotions

Après avoir délivré ses enseignements, la jeune femme reprit son bâton de bon matin et poursuivit sa route vers le soleil levant. La petite troupe d'enfants était un peu moins nombreuse, car quelques-uns avaient créé des liens avec des familles du village qui leur avaient proposé de rester. Ils marchèrent plusieurs jours sans rencontrer personne, puis ils découvrirent les ruines d'une ancienne cité. Le spectacle était terrifiant : toutes les vitres des maisons étaient brisées, des immeubles s'étaient écroulés, les rues étaient parsemées de carcasses de voitures et on trouvait encore des squelettes de corps humains qui avaient été dépecés par des chiens affamés durant les mois qui avaient suivi la Grande Catastrophe. Ce qui impressionna le plus les enfants, c'était la présence de la végétation qui avait tout envahi : routes, maisons et immeubles étaient couverts d'arbres et de plantes entrelacés.

La plupart des enfants qui suivaient la Vivante n'avaient pas connu le cataclysme – ou n'avaient presque aucun souvenir de l'Ancien Monde – et pour certains, c'était la première fois qu'ils voyaient une ville, car la jeune femme les évitait autant que possible. Un garçon âgé de huit ou neuf ans demanda : « Que s'est-il passé ? » La Vivante était toujours émue lorsqu'elle contemplait des vestiges du passé. Elle revoyait les images terribles de destruction et de pillages. Mais elle avait surtout à l'esprit le visage de sa mère, qui mourut dans ses bras. Faute de pouvoir l'enterrer, elle s'était résolue à brûler son cadavre. Après un temps de silence, elle répondit : « Tout a commencé par un nuage de poussière qui a envahi le ciel si bien qu'il faisait presque nuit en plein jour, puis peu après il y a eu une coupure totale d'électricité et d'Internet.

— C'est quoi l'électricité et Internet ? » demanda le garçon. La jeune femme esquissa un sourire.

« L'électricité produisait de l'énergie et permettait de nous éclairer et de faire fonctionner bon nombre de nos objets. Internet nous permettait de communiquer dans le monde entier par le biais de petits appareils qu'on appelait des téléphones ou des ordinateurs.» Attentifs aux paroles de la jeune femme, les enfants n'en croyaient pas leurs oreilles.

«Tu veux dire qu'on pouvait se parler même si on habitait très loin les uns des autres? demanda une petite fille.

— En effet, car nos appareils étaient reliés entre eux par ce qu'on appelait des ondes, des sortes de fils invisibles.» Tous étaient stupéfaits que de telles choses soient possibles.

«Et que s'est-il passé ensuite, poursuivit un autre garçon. Pourquoi presque tous les gens sont morts?

— En l'absence d'électricité et d'Internet, les gens ont paniqué, car ils ne pouvaient plus communiquer entre eux, ni être informés de ce qui était arrivé. Moins de trois jours après, ils ont commencé à piller les magasins et à s'entretuer. C'était un chaos total. Toute la civilisation s'est effondrée. Les survivants ont ensuite commencé à mourir de faim et des épidémies se sont développées. Ma mère et la plupart des gens que je connaissais sont ainsi morts de maladies foudroyantes, quelques mois seulement après le cataclysme.

— Et toi, pourquoi tu as survécu ? demanda une petite fille.

— J'ai eu la chance, comme certains autres survivants, de ne pas tomber malade. Et puis surtout, quelques jours après l'arrêt de l'électricité et de tous les moyens de communication, ma mère et moi sommes parties à la campagne chez mes grands-parents, qui élevaient des poules et avaient un grand jardin potager. C'est ainsi que j'ai pu, même lorsque je me suis retrouvée seule, survivre pendant plusieurs années.

— Et il était où ton papa ? Et tes frères et sœurs ? demanda une autre petite fille.

— J'étais enfant unique et mes parents étaient divorcés. Je voyais rarement mon père. Il habitait loin et je ne l'ai jamais retrouvé. » Un voile de tristesse assombrit le visage de la jeune femme. « Je ne sais s'il est encore en vie », ajouta-t-elle, la voix tremblante.

« Et pourquoi tout s'est arrêté : Internet, l'électricité, tout ça ? demanda encore un jeune garçon.

— Nous ne le saurons peut-être jamais. J'ai entendu de nombreuses rumeurs parmi les survivants. Durant les années qui ont précédé cet événement, il y avait déjà de plus en plus de nouvelles maladies, de tremblements de terre, de raz-de-marée, de tornades, et des inondations car la planète avait commencé à se réchauffer trop rapidement à cause des activités humaines. Ces catastrophes en série nous ont averti qu'il fallait davantage respecter la terre et ses équilibres naturels. Mais nous étions ivres de nos prouesses et nul ne pouvait plus arrêter un système devenu fou. Alors pourquoi cette pollution du ciel si soudaine et si intense ? Il est possible qu'une météorite, un gros bloc de cailloux venant du ciel, ait heurté la Terre. Mais ce n'est qu'une hypothèse. D'autres parlent d'une pollution atmosphérique liée à l'éruption d'un volcan. La seule chose que nous savons, c'est que soudainement, en l'absence d'énergie et de communication, toute la civilisation s'est effondrée. Et les humains, après s'être entre-déchirés, ont dû réapprendre à vivre comme il y a plusieurs milliers d'années.

— C'est incroyable ! commenta une fillette un peu plus âgée. L'Ancien Monde était tellement fragile qu'il a disparu en un rien de temps alors qu'il avait mis des milliers d'années à être construit. »

Une autre petite fille, qui venait de rejoindre le groupe, l'interpella : « Les gens t'appellent la Vivante, mais ce n'est pas ton nom, n'est-ce pas ? Tu t'appelles comment, en vrai ? » La femme rit de bon cœur, lui demanda son nom en retour, puis elle lui répondit : « Je m'appelle Natina.

— C'est joli !

— Merci, dit Natina en la prenant sur ses genoux.

— Et elle vivait où, ta famille ?

— Dans un continent qu'on appelait l'Europe et une nation qu'on appelait les Pays-Bas.

— Connais pas !

— Tu es sans doute née après la Grande Catastrophe et tu ne dois pas connaître grand-chose de l'Ancien Monde !

— C'est loin d'ici, ton pays ?

— Oui, très loin.

— Mais alors, tu l'as quitté il y a très très très longtemps, quand tu étais une petite fille comme moi ?

— J'étais déjà une adulte lorsque je l'ai quitté.

— Et tu n'as pas été trop triste quand tu as perdu ta maman ? demanda un autre enfant.

— Si bien sûr, j'ai pleuré longtemps, comme chacun d'entre vous.

— Et comment tu fais pour ne plus être toujours triste ?

— Vous savez, poursuivit Natina, en s'adressant à tous les enfants, il est très important d'accueillir les émotions qui surviennent dans notre cœur : que ce soit la joie, la peur, la colère ou la tristesse. Ce sont ces émotions qui nous rendent vraiment humains et capables de comprendre les autres et de ressentir ce qu'ils peuvent ressentir. Aucune émotion n'est négative. Toutes sont nécessaires et ont une grande utilité. La peur nous avertit des dangers. La tristesse nous permet de traverser pleinement nos chagrins et de compatir à ceux des autres. La colère nous invite à ne pas accepter les injustices et à nous affirmer contre ceux qui ne nous respectent pas. La joie dilate notre cœur et nous permet de savourer la vie. Ce sont ces émotions qui nous rendent pleinement vivants et il convient de toujours les accueillir et les vivre lorsqu'elles se présentent.

« En revanche, mieux vaut apprendre à ne pas vous laisser submerger par une émotion au point de perdre pied et de ne plus avoir de prise sur elle. La peur peut être fort utile, mais elle ne doit pas nous inhiber, nous rendre incapables d'agir et nous paralyser. La tristesse doit rester une émotion passagère, parfois très intense, mais il ne faut pas qu'elle se transforme en un sentiment durable. J'ai eu un très grand chagrin lorsque j'ai perdu ma maman, et il m'arrive encore parfois de ressentir de la peine en y repensant, mais je n'ai pas laissé la tristesse m'envahir durablement. La colère doit rester sous notre contrôle : lorsque ce n'est pas le cas, nous pouvons commettre des actes violents, ou prononcer des paroles que nous finirons par regretter. Et la joie, même si elle ne sera jamais excessive, doit être discernée par notre raison : il peut y avoir des fausses joies liées à des idées fausses, trompeuses. Notre esprit doit donc toujours agir de concert avec nos émotions pour les accompagner, les modérer, les éclairer, parfois les maîtriser. Raison et émotion, esprit et cœur, intelligence et affectivité, sont les deux grandes dimensions de notre être. Cultivons-les et apprenons-leur à vivre ensemble, pour se soutenir et se développer harmonieusement. C'est ainsi que nous devenons des êtres humains équilibrés, c'est-à-dire à la fois raisonnables et vibrants, intelligents et aimants. »

4

Harmonie

La Vivante et les enfants ne s'attardèrent pas devant la cité en ruine. Ils reprirent leur route à travers la campagne. Le soir venu, ils furent invités à souper par une famille qui habitait une grande ferme et qui avait aussi entendu parler de la jeune femme, que la réputation de sagesse précédait. Ses hôtes envoyèrent leurs enfants prévenir des voisins de sa présence. Quatre ou cinq familles furent bientôt rassemblées dans leur jardin fleuri. Au cours du repas, le père de famille lui demanda : « Parle-nous de la vie commune ? Comment faire pour vivre ensemble sans reproduire les errements du passé, qui ont conduit les humains à s'entre-déchirer ?

— Dans notre relation au monde et aux autres, recherchons toujours la justice et l'harmonie. Ce sont les deux phares qui doivent éclairer toutes nos actions. Les lois qui régissent l'univers tendent vers l'harmonie. Chaque atome, chaque étoile, chaque être vivant s'insère dans un Tout, comme des musiciens qui jouent une même partition. Si l'un d'eux ne s'accorde plus aux autres, il va créer une dissonance et va rompre l'harmonie. Comme la loi cosmique qui tend à l'harmonie universelle est plus forte que tout, il finira par être rejeté de l'orchestre. C'est sans doute ce qui arrive sur terre lorsqu'une espèce domine les autres et rompt l'harmonie de l'ensemble : elle finira tôt ou tard par être éliminée par la nature. C'est ce qui est arrivé aux grands dinosaures dans un lointain passé, et ce qui nous est arrivé il y a peu : la Grande Catastrophe a brisé une humanité devenue trop nuisible aux autres êtres vivants et nos civilisations se sont ensuite effondrées, tel un château de sable emporté par les flots.

« Dans ce monde nouveau qui émerge, ayons toujours à cœur de maintenir l'harmonie entre nous et les autres vivants, qu'ils fassent partie du règne végétal ou animal. Mais ayons aussi à cœur de maintenir cette harmonie entre nous. Pour cela, pratiquons la justice, qui est la reine de toutes les vertus. Agissons avec équité. Ne faisons aucune discrimination entre les humains. Nous sommes tous différents par nos qualités et nos tempéraments, mais nous méritons tous le même respect et aspirons aux mêmes droits. Ne considérons jamais que certains êtres humains sont, par nature, inférieurs aux autres et moins dignes de respect. N'accordons aucun privilège à certains que nous ne pourrions accorder à tous. Agissons toujours dans le respect de la vérité et du bien des personnes. Et si l'un vient à commettre une iniquité, jugeons-le avec droiture et appliquons-lui une peine proportionnée à son acte, mais qui peut lui laisser tout de même une chance de se racheter, car nous sommes tous faillibles. »

Un vieil homme prit la parole : « Nous sommes plusieurs familles à vivre sur cette terre généreuse et nous souhaitons mieux organiser notre vie commune. Faut-il créer des règles, élire un chef ?

— Depuis ces années où je chemine à travers le monde, j'ai traversé des centaines de villages et j'ai pu observer que les communautés ne doivent pas être trop grandes. Lorsque vous dépassez un nombre où vous ne vous reconnaissez plus les uns les autres, mieux vaut alors partir fonder une autre communauté. Car le lien humain, comme chez les autres animaux, ne peut bien perdurer que s'il est fondé sur des sentiments mutuels et des relations concrètes d'échange et d'entraide. Et pour vous gouverner, plutôt que de choisir un chef unique, mieux vaut proposer à tous ceux qui ont atteint la maturité sexuelle d'élire une assemblée qui mettra en place des règles, que vous devrez approuver. Elle veillera ensuite à la bonne marche de la communauté, à l'aide des plus forts d'entre vous, qui garantiront le respect des lois et de l'harmonie. Il n'existe pas un mode idéal de gouvernement et d'organisation de la communauté, mais j'ai pu constater que c'est celui qui présentait le moins d'inconvénients. Ne récréez pas non plus de nouvelles formes de monnaie. L'argent, qui a corrompu le cœur des hommes du monde ancien, a péri avec lui. Ne cherchez pas à le ressusciter. Échangez vos biens et vos services. Que chacun essaye d'apporter, selon ses possibilités et ses dons, quelque chose d'utile aux autres. Partagez votre terre, vos jardins, vos vergers et vos animaux, afin de ne pas laisser se développer l'esprit de possession qui a créé tant d'injustices dans l'Ancien Monde. »

La jeune femme ferma les yeux et resta quelques instants silencieuse. Puis elle les rouvrit et dit avec un ton plus appuyé encore :

« Pour parvenir à vivre en harmonie entre nous et avec le monde, il nous faudra constamment observer notre cœur et veiller à ne pas laisser ces quatre mauvaises herbes y prendre racine : l'esprit de possession, l'esprit d'avidité, l'esprit de convoitise et l'esprit de domination. Ce sont ces quatre fléaux qui ont corrompu le cœur des hommes et des femmes de l'Ancien Monde et qui ont fini par détruire l'harmonie qui régnait entre l'être humain et la nature, puis par rendre toute vie commune impossible, malgré les lois et les punitions.

« L'esprit de possession nous incite à garder pour notre seul usage une terre, des objets, des biens quelconques et à considérer que ce qui nous appartient ne peut être utilisé par les autres, même s'ils en ont grandement besoin. Nous finissons même par nous définir selon ce que nous avons : « Je suis et je vaux par ce que je possède. » L'esprit de possession finit, tôt ou tard, par faire naître l'esprit d'avidité, qui nous pousse à vouloir posséder toujours plus. Notre cœur n'est jamais satisfait. Lorsque nous avons quelque chose, nous nous en lassons vite et pensons déjà à la prochaine chose que nous pourrions posséder. L'esprit d'avidité conduit à l'esprit de convoitise, qui nous incite à regarder ce que possèdent les autres et à désirer la même chose, voire davantage. Notre cœur n'est jamais en repos, car il ne cesse de nous comparer aux autres et de convoiter ce qu'ils ont, ou ce qu'ils sont. L'esprit de domination naît de ces frustrations et nous pousse à vouloir être au-dessus des autres, à assujettir leur volonté à la nôtre, à en faire nos serviteurs ou nos esclaves. Cela a commencé avec les animaux, puis s'est étendu aux autres humains. Ce sont ces quatre poisons, qui sommeillent dans nos cœurs, qu'il convient de reconnaître afin d'éviter qu'ils y prennent racine. Chaque fois que vous sentirez se réveiller en vous le feu de l'esprit de possession, d'avidité, de convoitise ou de domination, mobilisez votre conscience et votre volonté pour les éteindre aussitôt, sans quoi vous aurez beau avoir les meilleures lois du monde, elles ne résisteront pas longtemps à l'incendie qui ravagera vos cœurs.

Harmonie

« N'oubliez jamais, ô survivants, que l'harmonie que vous souhaitez voir dans le monde et dans vos communautés commence par l'harmonie que vous aurez su créer dans votre propre cœur. »

5

Homme et femme

Une jeune fille demanda : « Certains hommes, parce qu'ils sont plus forts physiquement, pensent qu'ils doivent nous imposer leur volonté. Les femmes doivent-elles être soumises aux hommes ? » La Vivante esquissa un sourire et balaya du regard l'assemblée en maintenant plus longtemps ses yeux fixés sur les hommes, dont plusieurs baissèrent la tête.

« Nul être humain n'est supérieur à un autre du fait de ses possessions, de sa taille, de son sexe, ou de son origine. Nul ne peut s'arroger le droit de dominer un autre humain et de l'étouffer sous la coupe de sa volonté. Pour maintenir l'harmonie, nous devons apprendre à vivre avec nos différences, en comprenant qu'elles sont une richesse, car nous avons besoin de nos complémentarités pour vivre bien.

« Comment pourrions-nous vivre sans l'alternance du jour et de la nuit ? Et peut-on dire que le jour est supérieur à la nuit, ou la nuit supérieure au jour ? Comment pourrions-nous survivre sans l'eau qui nous désaltère et sans la nourriture solide qui nous affermit ? L'un est-il supérieur à l'autre ? Que l'un d'eux vienne à manquer et nous péririons. La puissance de la montagne est-elle plus belle que la délicatesse de la rose ? La vitesse du guépard plus utile que l'intelligence du renard ? La pluie est-elle moins désirable que le soleil ? L'univers est habité de forces et de qualités complémentaires qu'il ne s'agit nullement d'opposer ou de hiérarchiser.

Ainsi en va-t-il de l'homme et de la femme. Ils ont besoin l'un de l'autre dans leurs différences. La puissance physique de l'homme le pousse naturellement à chasser et à protéger les siens, quand la tendresse de la femme pour son bébé la pousse à protéger la vie et à maintenir le lien familial. Mais les aptitudes de chacun sont aussi très variées et j'ai vu des hommes préférer éduquer les enfants et des femmes chasser ou porter de lourdes charges. Ne fixons aucun rôle à l'un ou à l'autre et laissons chacun faire ce qui lui tient à cœur selon ses aptitudes et ses qualités. Certains hommes et certaines femmes sont aptes à diriger, d'autres à soigner, d'autres à éduquer, d'autres à préparer la nourriture, d'autres à semer et à labourer, d'autres à récolter, d'autres à raconter des histoires merveilleuses, d'autres à prendre soin des bêtes, d'autres à juger et à veiller au maintien de l'harmonie, d'autres à nous distraire par leur drôlerie, d'autres à nous émouvoir par le son du tambour ou de la flûte. Chacun, peu importe qu'il soit homme ou femme, doit trouver sa juste place dans la communauté pour s'épanouir selon ses qualités et être utile aux autres.

« N'établissez aucune hiérarchie entre vous : pas plus que l'homme ne serait supérieur à la femme ou la femme à l'homme, l'artiste n'est supérieur à l'agriculteur, ni celui qui soigne à celui qui enseigne. Nous méritons tous le même respect et la même considération. Dans l'Ancien Monde, les humains ont commencé par établir une hiérarchie entre eux et les autres animaux, qu'ils ont considérés comme inférieurs pour pouvoir les exploiter. Puis les hommes se sont déclarés supérieurs aux femmes pour pouvoir les dominer. Puis les humains de certaines cités se sont considérés comme supérieurs à d'autres humains pour pouvoir les asservir. L'être humain est ainsi fait qu'il a besoin d'apaiser sa conscience et de se donner une bonne raison de mal agir. Toutes les "hiérarchies naturelles" qu'il a créées ne sont que des constructions mentales erronées destinées à donner libre cours, en toute bonne conscience, à ses pulsions de possession, d'avidité, de convoitise et de domination.

«En dominant la femme pendant des millénaires, l'homme a pu assouvir sa soif de maîtrise et de domination, mais il s'est aussi privé des qualités des femmes dans l'organisation et le gouvernement des cités et des religions, qui ont versé dans un excès de masculinité : puissance, paraître, domination, contrôle, avec toutes les violences que cela a entraînées sur la nature et dans les sociétés. En se privant de l'aide de la moitié de l'humanité, les hommes ont valorisé les qualités les plus viriles de compétition et de rivalité, au détriment des qualités plus féminines de communion et de respect de la vie. Ce déséquilibre entre le masculin et le féminin est aussi à l'origine de la destruction du monde ancien. Aussi je vous en conjure, ô survivants, ne commettez pas la même erreur d'opposer les sexes ou de les fixer dans leurs différences, ni de les hiérarchiser et de vous amputer d'une partie essentielle de vous-mêmes. Que vous soyez homme ou femme, vous avez tous besoin de développer l'énergie du masculin et celle du féminin pour être un humain équilibré. »

6

Contradiction

Natina et les enfants qui l'accompagnaient reprirent la route le lendemain matin. En sortant du hameau, la petite troupe croisa un vieil homme qui se tenait assis sur un rocher, au bord du chemin. Il interpella la Vivante : «Je t'ai écoutée hier soir. Je ne sais pas où tu as appris toutes ces idées, mais tu parles bien.

— Je te remercie», répondit la jeune femme, qui sentait toutefois que l'homme avait tout autre chose à lui dire que ces compliments. Elle garda le silence et attendit qu'il poursuive :

«Tu es cependant encore bien jeune! Je n'ai peut-être pas étudié autant que toi, mais je connais bien le cœur de l'être humain pour l'avoir fréquenté pendant plus de quatre-vingts ans. Et je puis t'assurer qu'il est fondamentalement plus mauvais que bon. Chacun recherche avant tout son propre intérêt. Toutes ces idées de justice, d'harmonie, de paix ne valent que parce que nous sommes idéalistes et que nous avons envie d'y croire et ne tiennent parfois que parce que nous y sommes contraints par la loi. S'il en avait la possibilité sans rien redouter, tout être humain préférerait dominer son prochain plutôt que de le servir et n'aurait aucune compassion pour la souffrance de ses congénères.

— Tu te doutes que je ne partage pas ton opinion, vieil homme, répondit Natina. Mais pourquoi ne pas m'avoir interpellée devant tes amis pour que nous en débattions publiquement ? » Le vieillard sourit.

« Parce que je ne veux pas décourager tous ces gens qui essayent de vivre au mieux et qui ont besoin de croire en ces belles paroles ! Mieux vaut vivre heureux dans l'illusion, que malheureux, comme moi, dans la vérité, non ?

— Encore une fois, je ne partage pas ton point de vue. Je préfère quant à moi une vérité – fût-elle douloureuse – à un doux mensonge. La quête de la sagesse, qui mène au bonheur, est polarisée par la vérité. Mais revenons à ce que tu disais sur le cœur de l'être humain. Je pense, comme toi, que nous poursuivons toujours notre intérêt et que nous déclarons bon ce que nous désirons. J'ai aussi observé en moi, et dans mes semblables, que le cœur humain est partagé entre des forces opposées : la vérité et le mensonge, le bon et le mauvais, la justice et l'injustice, le courage et la lâcheté, la bienveillance et la malveillance… et bien d'autres contradictions encore. Mais ce que j'ai aussi pu constater, c'est que la pratique de la vérité, du bien, du courage, de la justice ou de la bienveillance nous rendait plus heureux que de vivre dans le mensonge, le mal, la lâcheté ou la malveillance. Le cœur humain est ainsi fait. Bien que partagé, il s'épanouit davantage dans la pratique de la vertu que dans celle du vice, dans l'amour que dans la haine, dans la lumière de la connaissance que dans les ténèbres de l'ignorance. Et c'est pour cela que la recherche de notre intérêt nous incitera, tout compte fait, à aller davantage vers ce qui nous rend meilleurs que mauvais, à préférer la lumière aux ténèbres.

— J'aimerais souscrire à ces belles paroles, mais il suffit de regarder ce qu'est devenu l'Ancien Monde pour se convaincre qu'il n'en est rien : les humains ont préféré donner libre cours à leur désir de puissance et de domination et la nature s'est vengée en se débarrassant de ce virus nocif. Mais, ne nous faisons aucune illusion, dès qu'il repeuplera la terre et réinventera les technologies du passé, l'être humain tentera à nouveau de l'exploiter et ne tardera pas à recréer toutes les injustices !

— Ce n'est pas impossible, admit la jeune femme après un temps de réflexion. Mais l'être humain sait aussi apprendre de ses erreurs passées. Voilà, vieil homme, pourquoi je ne me lasserai jamais de continuer à croire en la possibilité d'un monde meilleur que celui d'avant. Ne commettons pas les mêmes erreurs, ne nous laissons pas enfermer dans un système devenu incontrôlable, qui nous emprisonne et nous dépasse. Vivons au plus près de la nature et de ses lois. Respectons, autant qu'on le peut pour survivre, les autres vivants. Faisons croître le meilleur de nous, qui nous rend plus heureux que le pire. Et pour mieux lutter contre nos propres démons intérieurs, cultivons leurs opposés. Pour vaincre l'esprit de possession, cultivons le partage. Pour vaincre l'esprit d'avidité, cultivons la sobriété. Pour vaincre l'esprit de convoitise, cultivons le contentement. Et pour vaincre l'esprit de domination, cultivons le service. Nous découvrirons alors qu'en servant les autres et en partageant nos biens, qu'en vivant dans la sobriété et dans le contentement, notre cœur sera pleinement satisfait. Car il y a plus de joie à donner qu'à recevoir, à partager qu'à conserver, à se satisfaire de l'essentiel qu'à désirer le superflu, à ne pas se comparer aux autres qu'à être toujours en rivalité avec eux.

« Je crois qu'il n'existe aucune fatalité. Le monde sera ce que nous désirons qu'il soit, comme notre vie sera heureuse ou malheureuse, bonne ou mauvaise, principalement en fonction de nos désirs et de nos choix. »

Le vieil homme resta silencieux un moment. Puis il regarda Natina avec tendresse. « Puissent ces enfants désirer le meilleur pour eux-mêmes et pour les autres et faire les bons choix ! »

7

Foi

Ils reprirent leur route. Le lendemain, ils firent la rencontre d'un couple qui pleurait au bord du chemin. Natina s'approcha d'eux et les interrogea sur la cause de leur chagrin. Ils lui expliquèrent que leur enfant unique, une fillette de douze ans, était mourante. Un guérisseur d'un village voisin lui avait administré de nombreuses potions, mais le mal n'avait fait qu'empirer et leur fille, en proie à de fortes fièvres, venait de perdre connaissance. Natina fut profondément émue et demanda à voir l'enfant. Le couple la conduisit à l'intérieur de sa hutte. Elle regarda le visage blême de la fillette qui transpirait et avait des mouvements convulsifs.

Natina sentit un profond sentiment de compassion submerger son cœur. Des larmes coulèrent sur ses joues. Mais que pouvait-elle faire alors qu'elle ne connaissait rien à la médecine? Elle s'assit au pied de la litière de la fillette et entra en méditation. Elle envoya, par la force concentrée de son esprit, des rayons de lumière vers la petite fille. Après un long moment, elle sentit des picotements au bout des doigts. Ses mains étaient brûlantes. Elle ne comprenait pas ce qui lui arrivait, elle ouvrit les yeux. Les parents lui firent remarquer que leur enfant semblait aller un peu mieux: elle n'avait plus de convulsions, mais la fièvre restait très forte. Natina réfléchit quelques instants et se souvint d'un enseignement qu'elle avait reçu avant la Grande Catastrophe sur la foi et la confiance. Un sage lui avait expliqué que la plupart des guérisons inexpliquées venaient de la puissance de l'esprit, capable d'agir sur le corps. Mais, pour cela, il fallait une foi absolue du thérapeute en la guérison du malade et, s'il était conscient, de celui-ci en sa propre guérison. Il avait aussi précisé que la communion des esprits avait un effet très bénéfique.

Natina demanda aux parents le prénom de la fillette. « Yliona », lui répondirent-ils. La jeune femme sortit et rassembla tous les enfants. Elle leur demanda de se mettre en cercle et de se tenir par la main. Puis elle leur expliqua qu'ils devaient penser très fort à Yliona, qui était très malade, et visualiser sa guérison. Tandis que les enfants commençaient avec enthousiasme leur méditation, elle retourna dans la hutte et poursuivit sa prière, en envoyant tout l'amour de son cœur et toute la lumière de son esprit vers la fillette. Après un moment, elle ressentit à nouveau une chaleur puissante dans les mains. Elle eut alors l'intuition qu'elle devait les orienter en direction de la malade. Elle se releva et posa les mains à une dizaine de centimètres de son torse, continuant de prier intensément pour sa guérison. Elle sentait comme un fluide s'échapper d'elle et passer par ses mains jusqu'au corps d'Yliona. Les parents regardaient la scène avec émotion et joignaient leurs prières à celles de Natina et des enfants. De temps à autre, la mère caressait le visage de sa fille et épongeait sa transpiration avec un linge. Elle remarqua que la fièvre commençait à baisser. Puis, Yliona ouvrit les yeux et regarda autour d'elle avec étonnement. Elle était encore épuisée, mais la fièvre l'avait quittée et elle semblait sauvée. Les parents pleurèrent de joie et étreignirent Natina qui sortit et remercia les enfants en leur annonçant que la fillette allait mieux.

Natina et les enfants restèrent encore deux jours sur place, poursuivant leurs méditations jusqu'à ce qu'Yliona se sente capable de parler et de se lever. Pendant ce temps, les parents interrogèrent la jeune femme sur ce qui s'était passé et qu'ils prenaient pour un miracle. «Je ne crois pas aux miracles, leur expliqua-t-elle. Je crois que tout ce qui arrive sur terre arrive de manière naturelle, même les phénomènes les plus étranges. Tout a une cause naturelle, mais nous ne savons parfois pas encore la comprendre. Je suis persuadée que notre esprit, que nous connaissons si mal, a des capacités insoupçonnées et qu'il peut agir sur la matière d'une manière qui était encore inexplicable pour les scientifiques de l'Ancien Monde. Mais il est probable, si nous poursuivons l'exploration de notre cerveau et de notre esprit, que nous comprendrons un jour ou l'autre comment cela se produit. Je suis aussi convaincue que la foi, c'est-à-dire une confiance absolue, est nécessaire pour que certaines choses puissent se réaliser, comme la guérison de votre enfant. Il n'y a donc rien de magique: c'est la force de l'esprit associée à la foi qui produit ces phénomènes que l'on ne peut encore expliquer. Il s'agit d'une autre forme de médecine: celle qui utilise l'esprit comme instrument de guérison. » Les parents écoutaient Natina avec gravité et n'osaient pas la contredire, mais ils continuaient de penser qu'elle était une sorte de prophète et que leur fille avait été sauvée miraculeusement.

« Une chose est certaine, poursuivit Natina, en regardant aussi les nombreux enfants qui l'écoutaient, c'est que l'être humain ne peut vivre sans confiance. La confiance absolue en ses parents, que l'on peut aussi qualifier de foi, est nécessaire au petit enfant pour qu'il grandisse et entre en confiance avec la vie. Et tout au long de notre existence, nous avançons grâce à la confiance que nous avons en nous, en les autres et en la vie. La confiance et la foi sont donc au fondement de notre survie, de notre croissance et de notre épanouissement. Alors, cultivons-les tout au long de notre existence, tant pendant les moments favorables que pendant les moments de découragement et de doute. »

8

Amour

La petite troupe reprit sa marche le lendemain dès l'aube. Lorsque le soleil se fit trop brûlant, ils s'arrêtèrent à l'ombre du feuillage d'un grand arbre, qui trônait à côté d'un puits. La plupart des enfants s'endormirent. Natina se mit légèrement à l'écart pour méditer. Quelques enfants avaient trouvé des figues et cela avait suffi à nourrir la petite troupe. Ils auraient aimé remplir leurs gourdes d'eau fraîche, mais le puits était profond et ils n'avaient rien pour puiser. C'est alors qu'apparut une femme. Elle remonta de l'eau à l'aide d'une cruche accrochée à la corde du puits et en distribua à tous. Les enfants lui dirent qui était Natina et la femme l'interrogea sur le sujet qui lui importait le plus : l'amour. Natina s'assit à côté d'elle, au pied du grand arbre, et lui parla avec douceur :

« L'amour est la force universelle qui anime l'univers et lui donne du sens. Sans l'amour, aucune vie ne vaudrait la peine d'être vécue. C'est l'amour qui nous donne le désir de vivre. La force de dépasser les obstacles. Les plus grandes joies de l'existence. Un petit enfant qui ne ressentirait aucun amour ne pourrait survivre. Un adulte dont le cœur serait sec deviendrait le plus malheureux des hommes, aussi riche ou puissant pourrait-il être.

« L'amour prend mille visages et naît le plus souvent de l'attachement que nous avons aux êtres : celui de la mère pour son enfant, de l'enfant pour le petit animal dont il prend soin, de l'ami pour son ami, de l'homme ou de la femme pour un être désiré. L'amour est cette vibration qui fait chanter notre cœur face à un être cher, mais aussi devant la beauté du monde ou face à un inconnu qui souffre et qui nous touche. C'est la mélodie secrète qui relie tous les vivants. Et lorsqu'ils apprennent à s'apprivoiser, l'amour les relie plus fortement encore, car ils deviennent uniques l'un pour l'autre. »

« Mais qu'en est-il de l'amour entre deux êtres qui veulent vivre ensemble et peut-être fonder une famille ? reprit la femme. Doivent-ils s'aimer de manière exclusive ?

— Tout dépend de quel amour tu parles. Car l'amour a tant de visages ! J'ai mentionné son visage le plus universel : celui de cette force qui relie les êtres et les pousse à s'entraider, à se soutenir, à se vouloir du bien, et à y trouver de la joie. Cette vibration de nos cœurs est la plus importante : cultivons-la pour la faire sans cesse grandir, car elle est la condition même de l'épanouissement et de l'harmonie de la vie. Maintenant, il y a aussi cet amour qui nous relie aux autres êtres d'une même espèce par le désir amoureux et sexuel. Nous nous sentons attirés par une personne, nous souhaitons nous unir à elle et parfois parcourir un bout de chemin ensemble, ou même construire notre vie avec elle. Cet amour est fondé en partie sur cette énergie d'amour universel que j'ai évoquée : on veut le bien de l'autre et on souhaite son bonheur. Mais il est aussi fondé sur le désir et l'attachement. Cela le rend intense, mais aussi très fragile, car nous attendons de l'autre qu'il comble nos manques, réponde à nos attentes, nous apporte la sécurité dont nous manquons. Tant que l'autre répond à nos besoins et nous aux siens, la relation peut être magnifique et très puissante. Mais lorsque ce n'est plus le cas, ou que le désir s'amenuise, alors le lien se desserre ou bien sombre dans le démon de la jalousie. Le paradis du couple peut alors devenir un enfer.

— C'est précisément ce que je vis avec mon compagnon ! s'exclama la femme. Nous avons été heureux ensemble pendant plusieurs années. Mais depuis quelque temps, il ne supporte plus que je fréquente d'autres hommes, alors que ce qui nous lie est amical, et il se renferme de plus en plus sur lui-même. Parfois même il me fait peur…

— Qu'est-ce qui a changé dans ton comportement vis-à-vis de lui ?

— J'étouffais dans notre relation, car nous étions tout le temps ensemble. Alors je lui ai demandé de me laisser passer des moments seule et voir, sans lui, d'autres personnes.

— Comme je te le disais, tu ne réponds plus au besoin de sécurité que tu lui apportais, car il a sans doute vécu des abandons avant de te connaître. Ta demande a réveillé ses peurs et développé ce sentiment de jalousie qui détruit tant de couples.

— Que dois-je faire ?

— Reste fidèle à toi-même et à tes ressentis. Si tu te forces à répondre à sa demande pour lui faire plaisir, c'est toi que tu puniras et, tôt ou tard, tu ne supporteras plus ton compagnon. En revanche, parle avec lui pour le rassurer, l'aider à grandir, à dépasser ses peurs. S'il y parvient, votre relation sera plus belle et plus forte encore. S'il n'y parvient pas, mieux vaudra que vous poursuiviez votre chemin l'un sans l'autre. Ce qui compte avant tout, c'est que chaque être humain puisse suivre sa voie, celle qui lui permet de s'améliorer et de grandir sans cesse dans la joie. Nous ne sommes pas sur terre pour fusionner avec un autre être, mais pour croître en amour et en conscience. Cela peut se faire à travers les rencontres et les relations affectives les plus diverses : nos parents, nos frères et sœurs, nos enfants, nos amis, notre conjoint, la nature… mais nous devons veiller à ce qu'aucune d'elles n'éteigne la flamme de notre joie de vivre. »

9

Solitude

Le visage de la femme s'assombrit. « Je comprends ce que tu dis, mais j'ai peur de perdre mon homme et de me retrouver seule. »

Natina la regarda avec tendresse. « Nous avons tous besoin d'aimer et d'être aimés. Mais la peur de la solitude peut nous conduire à faire perdurer des liens nocifs. Pourtant, l'expérience de la solitude, y compris au sein d'une relation amoureuse, peut mener à la plénitude. La solitude permet une merveilleuse rencontre avec soi-même. C'est lorsque nous sommes seuls que nous nourrissons cette relation intime à notre être profond et que nous la faisons grandir. Nous lisons, nous méditons, nous pensons, nous écoutons les bruits ou le silence de la nature, nous nous remémorons les moments du passé ou nous imaginons ceux du futur, nous

nous accordons à la musique de notre âme. De même que nous nourrissons une relation amoureuse ou amicale par du temps passé avec celui ou celle que nous aimons, ce temps passé avec nous-mêmes développe cet amour de soi qui est nécessaire à notre équilibre. Apprenons à nous aimer, à entrer en amitié avec nous-mêmes. Ce n'est qu'ainsi que nous serons capables d'aimer les autres de manière juste et inconditionnelle. À l'inverse, si nous ne nous connaissons pas et ne nous aimons pas, nous passerons notre vie à courir après l'amour et la reconnaissance des autres et cela perturbera toutes nos relations. Un peu comme ton compagnon qui a peur de te perdre si tu le vois moins et que tu fréquentes d'autres personnes. Il n'a pas confiance en toi, car il n'a pas confiance en lui. Et il n'a pas confiance en lui, car il ne s'aime pas. Apprends-lui à s'aimer en lui proposant de passer des moments de solitude, comme tu le fais toi-même, pour qu'il découvre toute la beauté et la richesse de son être.

— Justement, il a très peur de se retrouver seul avec lui-même, reprit la femme.

— Cette peur a quelque chose de très irrationnel, poursuivit Natina. En fait, nous sommes tellement habitués à être en relation avec d'autres humains que la solitude nous angoisse comme quelque chose d'inconnu. Mais dès que nous l'apprivoisons, nous découvrons ces merveilleuses expériences intérieures qu'elle nous procure et nous n'en avons plus peur. Certes, une trop grande solitude n'est pas bonne non plus. L'être humain a besoin d'être en communion avec ses semblables pour s'épanouir. Même si nous sommes tous différents dans nos besoins, il est toujours en quête de liens. Mais il a tout autant besoin de se retrouver régulièrement seul avec lui-même. Comme pour tout, c'est une question d'équilibre. Le bonheur tient à cet équilibre entre relation et solitude, entre amour des autres et amour de soi. »

« Tu vois, poursuivit Natina après un temps de silence, je suis entourée de tous ces enfants et je rencontre sans cesse des gens lors de mes pérégrinations. Mais je m'isole aussi quelques heures chaque jour pour renouer avec le fil de ma vie intérieure. Je regarde la nature, je médite en silence ou je prie, je lis un ouvrage qu'un inconnu m'a donné et qui éveille dans mon être de nouvelles réflexions ou émotions.

Mon âme a soif de silence, tout comme mon corps a soif de tendresse. »

La femme la regarda dans les yeux et lui posa une question qui lui brûlait les lèvres : « Tu voyages seule : n'as-tu pas un compagnon, toi aussi ? » Natina rit aux éclats. « J'ai tous ces enfants qui me font des câlins à longueur de journée ! » Puis elle prit un visage plus grave. « J'ai aussi quelqu'un dans mon cœur que j'espère retrouver un jour. Je ne l'ai pas vu depuis la Grande Catastrophe. Je ne sais pas s'il est encore en vie, même s'il vient parfois me visiter dans mes rêves. Depuis que nous nous sommes rencontrés, nos esprits ont toujours été étrangement reliés.

— Mais si tu marches tout le temps, tu ne le retrouveras jamais !

— Au contraire, répondit Natina. Depuis toutes ces années, je marche toujours vers le soleil levant. Car s'il a survécu, c'est vers les lointains pays d'Orient que j'ai une petite chance de le retrouver. »

10

Parole juste

Après avoir cheminé plusieurs jours à travers une vaste plaine jonchée de ruines des villes de l'Ancien Monde, Natina et la petite troupe d'enfants arrivèrent au pied d'une chaîne de petites montagnes. Ils croisèrent un berger qui faisait paître son troupeau. Il leur expliqua qu'il était un des rares rescapés de la région et qu'il avait réussi à survivre en rassemblant des bêtes égarées et en cultivant la terre. Il les invita à manger et à passer la nuit dans les quelques maisons en bois où vivaient des rescapés de la Grande Catastrophe. Une trentaine de personnes se rassemblèrent. Au milieu du repas, le berger questionna Natina sur ce qu'il était le plus important de faire pour vivre en harmonie avec les autres afin de ne pas reproduire la violence du passé. La jeune femme répondit : « L'une des choses les plus importantes est de veiller à nos paroles en les passant par les trois tamis de la vérité, de la bienveillance et de l'utilité.

« Le tamis de la vérité permet de vérifier que la parole que nous prononçons est vraie. La première vigilance consiste à ne pas proférer de mensonges. Bien des malheurs et des conflits viennent du fait que nous falsifions la vérité pour notre propre intérêt. Le seul mensonge qui peut être moralement juste est celui qui consiste à ne pas dire une vérité pour se protéger ou protéger une personne. Par exemple, si un homme violent cherche une personne qui s'est cachée chez nous, il sera plus moral de mentir à cet homme que de lui avouer que nous cachons sa victime. Autrement dit, l'amour est au-dessus de tout, y compris – dans certaines situations – de la vérité. Mais le plus souvent, nous mentons pour défendre nos intérêts propres et la découverte de nos mensonges est source de fréquentes disputes. Nous répétons aussi des choses que nous avons entendues sans en vérifier la véracité. C'est ainsi que nous colportons des rumeurs, des on-dit, des fausses nouvelles. C'est une source importante de discorde entre les humains. Si quelqu'un vient te dire : « Il paraît que… », « J'ai ouï dire que… », ou si ce qu'il affirme te paraît étonnant ou suspect, demande-lui d'où il tient cette information, s'il a vérifié sa source. Sinon, prends la peine de le faire toi-même avant de colporter cette parole à ton tour.

« Le tamis de la bienveillance nous incite à ne proférer aucune parole qui puisse faire du mal aux autres. Une parole peut apporter du baume au cœur et réconforter. Elle peut aussi blesser, voire même tuer. Soyons donc vigilants à ne prononcer aucune parole malveillante, méchante, injurieuse, destructrice. Cela ne signifie pas qu'il ne faille pas, de temps à autre, prononcer des paroles qui puissent être dures à entendre, parce qu'elles confrontent notre interlocuteur à une exigence, ou à une vérité. Lorsqu'ils s'égarent, il faut parfois se montrer fermes avec nos proches, pour qu'ils modifient leur comportement. Mais cette parole peut aussi être dite avec bienveillance, c'est-à-dire sur un ton respectueux, qui permettra à celui que l'on corrige d'être mieux disposé à nous écouter. Ce tamis de la bienveillance tire sa source dans la bonté du cœur. Une personne au cœur dur aura beaucoup de mal à ne pas prononcer de paroles blessantes. C'est pourquoi il est si important d'éduquer les enfants le plus tôt possible à développer leurs qualités de cœur, à pardonner, à partager, à découvrir qu'il y a plus de joie à donner et à être bienveillant qu'à prendre et être malveillant.

« Le troisième tamis à travers lequel tu dois filtrer tes paroles est celui de l'utilité. Avant de parler, interroge-toi encore : la parole que je vais prononcer est-elle utile ? Va-t-elle éclairer l'autre ? Faire avancer une situation ? Permettre de nourrir ou d'approfondir une relation ? Ou bien est-elle futile et sans intérêt, voire négative ? On dit que certaines personnes parlent pour ne rien dire. C'est vrai, et ces paroles inutiles ne sont que du bruit qui fatigue les oreilles de leurs proches, et finissent par créer des tensions avec les autres tout en épuisant l'âme de celui qui parle inutilement.

« Ainsi donc, avant de parler, sois vigilant et passe ta parole aux trois tamis de la vérité, de la bienveillance et de l'utilité. Cela te sera profitable, à toi autant qu'aux autres. C'est une des conditions les plus importantes pour vivre en harmonie avec ceux qui t'entourent. »

11

Combat intérieur

Après un temps de silence approbateur, une femme prit la parole : « Tes mots parlent à mon âme et je crois qu'ici nous souscrivons tous à ces paroles de sagesse, car nous avons appris à être vigilants pour que notre petite communauté puisse vivre en paix. Mais nous savons aussi que le cœur des humains est partagé entre le bien et le mal. Même lorsque nous voulons être bons, il nous arrive de commettre de mauvaises actions. Comment faire fleurir la bonté du cœur humain et tarir son égoïsme et la violence qui y demeure toujours tapie ? » Natina regarda la femme dans les yeux.

« Tu vois juste, toi aussi. Le cœur de l'être humain est sans cesse partagé. Pour te répondre, je vais te livrer ce petit conte qu'un sage indien de l'ancienne nation américaine a jadis partagé avec moi. Un vieil homme interpelle un jour son petit-fils et lui dit : “Sais-tu qu’il y a deux loups en toi ? Un bon et un mauvais. Ils se livrent un combat à mort dans ton cœur. Sais-tu lequel va gagner ?” “Je ne sais pas, répond l’enfant. Dis-moi, grand-père.” Et le vieil homme de répondre : “Celui que tu nourriras.” »

Plusieurs auditeurs esquissèrent un sourire en écoutant cette histoire, car elle parlait à leur âme. Natina poursuivit : « La part obscure et la part lumineuse que nous portons tous en nous sont chacune nourries, chaque jour, par nos pensées, nos paroles et nos actions. Chaque fois que nous laissons se développer une pensée erronée ou malveillante, que nous tenons un propos mensonger ou méchant, que nous commettons une action négative, nous renforçons la part obscure de nous-mêmes. À l’inverse, chaque fois que nous développons une pensée vraie et bienveillante, que nous tenons des propos justes et constructifs, que nous commettons une action positive, nous vivifions la part lumineuse de nous-mêmes.

« Nous ne sommes pas responsables de nos gènes et de toutes les dispositions que la nature a mises en nous. Nous ne sommes pas responsables du lieu où nous sommes nés, de qui sont nos parents ou de l'éducation que nous avons reçue. Mais nous sommes responsables de l'être humain que nous devenons, au fil du temps et des expériences vécues. Nous avons tous le choix de vouloir, ou non, devenir de meilleurs êtres humains. Et pour cela, il nous faudra rester vigilants et remporter de nombreux combats intérieurs. Nous devrons apprendre à nous relever après avoir chuté. Et même si nous serons souvent découragés, nous finirons par faire gagner la part lumineuse de nous-mêmes si nous ne cessons de vouloir grandir et nous améliorer. Le plus important, quels que soient nos chutes et nos découragements, est de persévérer dans l'intention de devenir des êtres humains meilleurs : de faire sans cesse grandir notre cœur et notre conscience.

« Chaque fois que nous posons des pensées, des paroles ou des actions justes et positives, nous nourrissons et renforçons la meilleure part de nous-mêmes. C'est une discipline quotidienne. Chaque jour, je vous invite à poser, dès votre réveil, l'intention de grandir et de progresser. Puis durant le reste de la journée, soyez attentifs à vos pensées, vos paroles et vos actes, afin qu'ils nourrissent votre intention de grandir en humanité. Et si vous n'y parvenez pas, ne vous découragez jamais ! Comme pour tout apprentissage, cela demande du temps et de la volonté. On n'apprend pas à semer et à récolter, à bien manier un arc ou à jouer de la flûte en quelques jours. Nous entrevoyons la joie que la maîtrise de ces pratiques peut nous apporter et nous prenons la décision de nous y adonner avec ferveur. Mais c'est par la persévérance et l'effort que nous y parvenons. Et plus nous nous entraînons, plus nous progressons. Et plus nous progressons, plus l'apprentissage devient facile et joyeux. Il en va de même dans l'apprentissage de la vie bonne : nous décidons de devenir vertueux – c'est-à-dire courageux, justes, maîtres de nous-mêmes et de nos émotions, bienveillants, sages – parce que nous savons que cela nous rendra meilleurs et plus heureux. Nous devenons vertueux en posant des actes vertueux et plus nous devenons vertueux, plus la vertu devient aisée et nous rend heureux. Un bonheur durable et profond que les aléas du monde extérieur et surtout nos démons intérieurs ne parviendront plus à contrarier.»

12

Bonheurs

Les survivants étaient tellement enchantés par les paroles de la jeune femme qu'ils proposèrent le gîte et le couvert à tous, le temps qu'ils voudraient. Natina accepta de bon cœur car elle se sentait bien parmi ces gens simples et généreux et elle voyait que les enfants aussi se plaisaient en ce lieu paisible.

Pendant plusieurs jours, les habitants ne voulurent pas, par respect, interroger Natina, même si de nombreuses questions leur brûlaient les lèvres. La jeune femme participa aux travaux des champs et s'accorda de longs temps d'isolement aux alentours du hameau. Un soir, après le repas, une vieille femme la questionna à nouveau : « Tu nous as parlé l'autre jour du bonheur. Nous en avons discuté entre nous et nous n'avons pas vraiment compris ton propos lorsque tu évoquais un bonheur durable et profond que plus rien ne peut altérer. L'expérience que nous faisons est plutôt celle de la fragilité du bonheur, de son caractère insaisissable et fugace. Nous sommes heureux lorsque la vie nous sourit. Mais sitôt qu'une maladie, un deuil ou une famine survient, la souffrance ou l'angoisse surgissent aussitôt et le bonheur s'éloigne. Nous avons tous traversé une terrible épreuve lors de la Grande Catastrophe : le monde s'est effondré, la plupart de nos proches ont péri et nous avons tout perdu. Il nous aura fallu attendre des années pour retrouver un peu de sécurité et que la joie puisse fleurir à nouveau sur les ruines de nos vies. Comment peux-tu parler d'un bonheur durable, que rien ne peut entamer, dans un monde aussi instable et menaçant ? » Natina écouta la femme avec une grande attention, puis lui répondit avec gravité.

« Je sais, ô survivants, combien vos vies ont été éprouvées durant toutes ces années. La mienne le fut tout autant. Ni le deuil, ni l'angoisse, ni la maladie, ni la faim ne me furent épargnés. Pourtant, jamais je n'ai perdu les sentiments de joie et de sérénité qui logent en mon cœur. Je peux dire que je suis heureuse, malgré tout. Que je continue d'aimer la vie, malgré tout.

« Ce bonheur-là, je le conçois, est très différent de ce que vous appelez habituellement le bonheur, qui est un état provisoire de satisfaction de l'existence. Cet état dont vous parlez varie, en effet, en fonction des hauts et des bas de la vie, des moments agréables ou désagréables, des joies et des tristesses, des naissances et des deuils. Ce bonheur fragile et instable repose sur quatre piliers : la sécurité, la santé, l'amour et le travail. Nous nous disons heureux lorsque nous nous sentons en sécurité, que nous sommes plutôt en bonne santé, dans de bons liens affectifs avec nos proches et que nous aimons notre activité principale : que ce soit chasser, cultiver la terre, élever des enfants, construire des maisons, protéger le clan... mais si une de ces quatre choses essentielles vient à manquer, notre satisfaction de l'existence chancelle. Le malheur survient par la guerre et la famine, la maladie, la perte ou l'abandon d'un proche, la solitude subie, l'absence de plaisir dans notre travail ou l'oisiveté. Je conçois tout cela très bien. J'ai fait, comme vous, cette expérience de la fragilité du bonheur, tel que vous l'entendez. » Natina marqua un temps de silence. Les regards de ses auditeurs semblaient acquiescer à ses paroles. Puis elle reprit :

« Mais grâce à l'enseignement de sagesse que j'ai reçu et mis en pratique depuis dix ans, j'ai découvert une autre dimension du bonheur : celle d'un état durable et global de satisfaction de l'existence. Mon bonheur est aujourd'hui beaucoup moins tributaire des aléas de la vie, car j'ai appris à aimer la vie telle qu'elle est. J'aime la naissance et la mort. J'aime la réussite comme l'échec. J'aime la compagnie et la solitude. J'aime les échanges comme le silence. J'aime sentir mon corps en grande santé, comme j'aime le sentir fragile et diminué par la maladie. J'aime tout ce que la vie m'offre de traverser, même ce que je n'ai pas choisi, désiré ou voulu. Certes, si je peux éviter une douleur ou prévenir une maladie, je ferai tout pour y parvenir car, comme chacun, je n'éprouve aucun plaisir à souffrir. Mais ce à quoi je ne peux me soustraire, alors je l'accepte avec joie. C'est cet amour inconditionnel de la vie qui me rend heureuse, quoi qu'il arrive. Et ce bonheur profond s'accompagne aussi de certaines tristesses, colères ou peurs, inhérentes à l'existence. Ils cohabitent. Mais un tel bonheur et une telle joie de vivre n'ont sans doute été possibles que parce que j'ai essayé d'accomplir un travail minutieux et persévérant sur moi-même. Parce que j'ai tenté de nourrir en moi les vertus et d'affamer les vices. Tenté de nourrir le courage et d'affamer la lâcheté. Tenté de nourrir la tempérance et d'affamer l'excès. Tenté de nourrir la soif de justice et d'affamer l'égoïsme. Tenté de nourrir les joies et d'affamer les tristesses. Tenté de nourrir la confiance et d'affamer l'angoisse. Tenté de nourrir la connaissance et d'affamer l'ignorance. Tenté de nourrir la lumière et d'affamer l'obscurité. Tenté de nourrir l'espoir et d'affamer le découragement. Tenté de nourrir l'amour et d'affamer la haine. »

13

Souvenirs

Natina se tut et ferma les yeux. Jeunes et vieux restaient silencieux. Chacun méditait dans son cœur les paroles de la jeune femme. Après un long moment, un homme, qui semblait être un des piliers de la communauté, interpella Natina. « Tes paroles sont très exigeantes et sans doute dures à entendre pour beaucoup, mais elles sont aussi d'une grande sagesse. Avant, j'enseignais la philosophie, et tes propos me rappellent ceux des sages du monde antique. Tu n'as pas trente ans et tu sembles connaître déjà tant de choses de la vie. Peux-tu nous dire comment tu as reçu ces enseignements ? Les as-tu appris dans des ouvrages avant de les mettre en pratique ?

— J'ai été instruite de vive voix par des sages représentant les grands courants philosophiques et spirituels du monde, répondit Natina. » Son interlocuteur manifesta sa surprise :

« Comment est-ce possible ?

— C'est une longue histoire, mais je peux vous la raconter en quelques mots. » L'homme hocha la tête.

« Je suis née à Amsterdam, dans l'ancienne nation des Pays-Bas, poursuivit Natina. J'ai vécu avec ma mère, qui était aussi professeure de philosophie, spécialiste des écoles de sagesse antiques et de Baruch Spinoza. Nous avions souvent des discussions sur la sagesse et le sens de la vie. Moins d'un an avant la Grande Catastrophe, alors que j'étais adolescente, ma mère eut la certitude qu'elle devait se rendre dans un monastère tibétain du nom de Toulanka, dont elle avait vu le nom dans un reportage. Comme c'étaient les vacances scolaires, je réussis à la convaincre de l'accompagner. Arrivées au monastère, nous fûmes accueillies par le jeune abbé, un adolescent du nom de Tenzin, et son tuteur, lama Dorjé. D'autres sages représentant les grands courants spirituels du monde arrivèrent aussi au monastère : le rabbin Salomon, la chamane Ansya, le père Pedro, Ma Ananda, Maître Kong et le Cheik Youssuf. Tous avaient eu des rêves ou des visions leur enjoignant de rejoindre ce monastère perdu au beau milieu de l'Himalaya. Nul ne connaissait la raison de cette rencontre, lorsqu'une nuit les sept sages et ma mère firent le même rêve : ils voyaient un immense cataclysme ravager la terre et les lieux emblématiques de leurs religions ou de leurs disciplines étaient entièrement détruits. Tenzin et moi avions fait un autre rêve : nous étions des petits ruisseaux irrigués par huit rivières et nous devenions un grand fleuve qui allait se jeter dans une terre aride pour lui redonner vie. Les sages comprirent alors qu'une catastrophe allait survenir et que les cultures religieuses et spirituelles du monde allaient disparaître. Ils comprirent aussi que Tenzin et moi allions sans doute survivre à ce cataclysme et qu'ils devaient nous enseigner les fondements de la sagesse, au-delà des dogmes de chaque religion, afin que nous les pratiquions et les transmettions aux survivants.» Natina fit une pause pour boire. Elle semblait émue par l'évocation de ces souvenirs. Ses auditeurs étaient suspendus à ses lèvres. Après s'être désaltérée, elle reprit le fil de son incroyable récit.

« Pendant plusieurs mois, les sages nous enseignèrent les piliers universels de la sagesse. Tenzin m'apprit aussi à méditer afin d'entraîner mon esprit. Puis je repartis avec ma mère en Europe. Peu après mon retour, survint la Grande Catastrophe. Tous mes proches périrent. Le destin voulut que je fasse partie, comme vous, des rares survivants. Je réappris à vivre autrement et à mettre en pratique tous les enseignements que j'avais reçus. Ils m'aidèrent à surmonter ma peine et mon découragement. Puis, une fois passées les premières années de pillage et de violence, je décidai de quitter mon pays pour commencer à transmettre les clés de la sagesse aux survivants des différentes régions du monde. La plupart d'entre eux, comme vous, ont réussi à surmonter la peur et la violence et ont commencé à recréer des petites communautés de vie, essayant de ne pas commettre les erreurs des humains de l'Ancien Monde, qui ont sans doute conduit à son effondrement. » Natina marqua une pause. Une jeune femme l'interrogea :

« Sais-tu ce que sont devenus les autres sages et le jeune Tenzin ? Penses-tu qu'il ont eux aussi survécu à la Grande Catastrophe ?

— Je l'ignore, répondit Natina avec un voile d'émotion dans la voix. Tous sont retournés chez eux, sauf le jeune lama qui est resté dans son monastère. Nous nous étions liés, avec Tenzin, d'une lumineuse et tendre amitié et j'avais le cœur déchiré en le quittant. Il est probable que le destin l'a également épargné pour qu'il puisse lui aussi accomplir sa mission. J'en ai au fond de moi l'intime conviction et je me sens encore reliée à lui.

— N'as-tu pas envie de le retrouver, poursuivit la jeune femme ? » Natina afficha un large sourire.

« Pourquoi crois-tu que je marche toujours vers l'est depuis toutes ces années ? »

14

Causes et effets

Natina et les enfants se sentaient bien parmi ces gens et ils restèrent encore plusieurs semaines dans ce lieu paisible. Une nuit, elle rêva de Tenzin, comme cela lui arrivait de temps à autre, ce qui lui donnait le sentiment qu'il était vivant et pensait aussi à elle. Mais cette fois-ci, le rêve était beaucoup plus précis. Il était alité et semblait malade. Il l'appelait à l'aide en prononçant son nom tel un mantra. Elle se réveilla avec un sentiment d'urgence. Elle devait poursuivre sa route sans tarder et confier son chemin à l'Âme du monde dans l'espoir de croiser un jour celui du jeune Tibétain. Comme le hameau était adossé à une chaîne de montagnes, elle alla voir le berger qui l'avait accueillie et lui demanda quelle voie emprunter pour traverser ou contourner ces reliefs. « Si tu ne veux pas voyager par la mer, tu seras obligée de traverser ces montagnes. Elles ne sont pas si hautes et il existe d'anciennes routes que tu pourras emprunter. En moins de dix jours, tu retrouveras une plaine sûrement habitée. Mais durant cette traversée, il est probable que tu ne croises aucun survivant et si tu ne chasses pas, il te sera difficile de nourrir tous ces enfants. Le plus sage serait qu'ils demeurent avec nous. Nous pouvons les nourrir et les héberger aussi longtemps qu'ils le voudront. »

Natina ressentit un pincement au cœur à l'idée de laisser les enfants, dont certains la suivaient depuis des années. Mais, au fond d'elle, une voix lui disait que c'était mieux ainsi et que le destin lui demandait maintenant de finir son voyage seule. Après un temps de réflexion, elle répondit au berger : « Même si cette décision me coûte, je vais suivre ton conseil et je te remercie de bien vouloir accueillir ces enfants dans votre communauté. »

Le lendemain matin, elle leur annonça la nouvelle. Presque tous pleurèrent et ceux qui continrent leurs larmes avaient aussi le cœur empli de tristesse, car ils s'étaient attachés à Natina et à cette vie itinérante. La jeune femme leur expliqua que la route qui la conduisait vers l'est devenait de plus en plus périlleuse et qu'il était aussi temps qu'ils apprennent à vivre dans une communauté qui les protègerait, les aiderait à grandir et à trouver leur propre voie. Elle resta encore deux jours auprès d'eux, puis un matin, peu avant le lever du soleil, elle quitta les lieux et prit la route de la montagne. Son cœur était à la fois lourd de quitter ces êtres qu'elle chérissait et léger de les savoir en de bonnes mains et de poursuivre seule son voyage.

Elle avait pris suffisamment de provisions pour tenir jusqu'à la plaine. Elle ne rencontra en effet personne pendant près d'une semaine. La nuit, elle faisait un feu pour se réchauffer et se protéger des bêtes sauvages. Le matin du huitième jour, elle eut la surprise d'être réveillée par trois hommes, armés de couteaux et de pieux. Faute de munitions, les armes à feu avaient rapidement disparu et la violence avait beaucoup diminué au fil des ans. Mais il restait encore quelques bandes de pillards, qui surgissaient d'on ne sait où pour voler et parfois violer ou kidnapper des femmes. Dès le premier regard, Natina comprit qu'elle n'était pas face à des chasseurs pacifiques, mais bien confrontée à ce type d'individus, qui vivaient sans foi ni loi.

Bien qu'elle se sût en grand danger, elle décida de ne pas laisser la peur paralyser son cœur et son esprit. Elle salua les inconnus et comme il faisait froid, elle les invita à se réchauffer auprès du feu. Elle commença à remuer les braises pour relancer la flamme, mais l'un des hommes pointa un pieu aiguisé contre son cou : « Ne sais-tu pas que j'ai le pouvoir de te trancher la gorge si l'envie m'en prend ? » La jeune femme le regarda droit dans les yeux : « Ne sais-tu pas que j'ai le pouvoir de me laisser trancher la gorge sans ressentir la moindre peur, ni même le moindre regret ? Il faut bien mourir un jour. » L'homme resta stupéfait. Puis il éclata de rire et retira sa pointe. Natina reprit son activité comme si de rien n'était et invita une nouvelle fois les hommes à s'assoir autour du feu. Elle fit chauffer un petit récipient rempli d'eau dans lequel elle dispersa quelques herbes odorantes. L'un d'eux s'approcha de la jeune femme d'un air menaçant, mais celui avec qui elle avait parlé et qui semblait être leur chef le retint et les trois hommes s'assirent autour du feu.

« Es-tu une sorcière ? » reprit l'homme. Natina éclata de rire.

« Pas le moins du monde. Mon seul pouvoir consiste à maîtriser mes émotions et à diriger mon esprit où bon me semble. Et toi ? Pourquoi menaces-tu les voyageurs que tu rencontres ?

— Les temps sont durs, il faut bien survivre comme on peut.

— J'ai fait des milliers de kilomètres à pied depuis de nombreuses années et j'ai rencontré partout des gens qui cherchaient à vivre en paix et qui arrivaient à survivre en cultivant la terre, en pêchant ou en chassant. » L'homme éclata à nouveau de rire en regardant ses compagnons.

« Eh bien, vois-tu, nous n'avons aucun goût pour cultiver et nous n'avons pas appris à pêcher. Nous chassons, et quand le gibier vient à manquer, nous allons nous servir dans la vallée en pillant quelque grenier bien rempli.

— Vous vivez seuls ?

— Nous empruntons aussi de temps en temps aux villageois quelques femmes qui satisfont d'autres besoins. » Les deux autres hommes ricanèrent.

« Vivre en volant et en violant ne vous pose visiblement aucun problème de conscience, poursuivit Natina.

— Non, pourquoi ? Il faudrait ? » Les hommes rirent à nouveau et l'un d'eux utilisa sa lance pour soulever la cape de Natina. La jeune femme éloigna le pieu et leur tendit un gobelet de boisson chaude.

« Oui, et dans votre propre intérêt, poursuivit-elle, sans se laisser démonter.

— Ah oui ? reprit le chef. Et quel avantage aurions-nous à renoncer à prendre ce dont nous avons besoin ?

— Sais-tu que chacune de tes actions produit un effet, positif ou négatif ? Si tu lances ton pieu sur un animal, tu le feras souffrir, ou tu le tueras. Si tu soignes ton compagnon blessé, tu lui feras du bien ou tu le guériras.

— Admettons.

— Eh bien, il existe une loi universelle de la vie qui veut que tout acte positif que tu fais, qui apporte du bonheur aux autres, produira un effet bénéfique qui te reviendra un jour ou l'autre. À l'inverse, tout action négative, qui crée de la souffrance, reviendra vers toi, tôt ou tard, et t'apportera aussi de la souffrance. » L'homme resta songeur un bon moment. Puis il reprit :

« Ce n'est pas ce que j'ai observé depuis que je suis né. Que ce soit avant ou après la Grande

Catastrophe. J'ai vu des gens méchants qui étaient riches et heureux et des gens bons qui vivaient difficilement et que la vie n'épargnait pas. La vie n'est pas juste et généreuse comme tu le dis, mais injuste et cruelle. La seule loi qui existe, c'est celle du plus fort. Tant chez les animaux que chez les humains.

— Tu as raison, si tu ne t'en tiens qu'aux apparences. Car l'être humain n'est pas tout à fait un animal comme les autres. Il possède cette singularité d'avoir un esprit immortel qui récolte d'une vie à l'autre ce qu'il a semé.» L'homme oscillait entre prendre au sérieux ou tourner en dérision les propos de cette jeune femme qui le troublait par son aplomb et sa sérénité.

«Tu veux dire que je vais me réincarner en gibier si j'ai été chasseur, c'est ça?

— C'est un peu plus complexe et j'ignore ce que nous deviendrons exactement après notre mort : nous réincarnerons-nous sur cette terre ou ailleurs? Notre esprit poursuivra-t-il son chemin dans une autre dimension sans revêtir un nouveau corps? Peu importe. La seule chose dont je suis certaine, et dont parlaient les grands sages du monde ancien, c'est que notre esprit, ou notre âme, est immortel, et qu'il récoltera dans cette vie, ou sur un autre plan d'existence, ce qu'il a semé de positif ou de négatif. Il est donc dans ton intérêt, comme je te le disais, de ne pas apporter de souffrances aux autres, mais au contraire de les respecter du mieux que tu peux, si tu ne veux pas, tôt ou tard, subir les conséquences de tes actions négatives. »

15

Retournement

L'homme resta silencieux quelques instants. Puis il reprit : « Tu es jeune, jolie et sans défense. Normalement, je devrais profiter de toi, puis t'offrir à mes hommes qui ne demandent que ça. Mais, vois-tu, quelque chose me retient de le faire. Et ce n'est pas à cause de ce que tu viens de me raconter. Je ne crois pas un seul mot de ce que tu dis. Pour moi, c'est du charabia digne des religions de l'Ancien Monde, qui dominaient les hommes en leur faisant croire au paradis et à l'enfer. Mais je suis intrigué par ta personnalité et ta force de caractère. Je ne sais pas encore ce que je vais faire de toi. » Natina lui répondit :

« Je ne crois pas plus que toi qu'il y ait dans l'au-delà un paradis qui récompense les justes et un enfer dans lequel brûlent les méchants à tout jamais. Ce sont des représentations imaginaires, mais qui disent, très imparfaitement, quelque chose de juste : tout comme notre esprit est éternel, la loi morale est immuable et tout ce que nous faisons produit un effet, tant sur le plan de la matière que sur celui de l'esprit. Tôt ou tard, dans cette vie ou ailleurs, nous récolterons ce que nous avons semé par nos pensées, nos paroles et nos actes. Lorsque nous quitterons ce corps, ce n'est pas un juge barbu qui décidera de notre sort : ce sont nos actions elles-mêmes qui seront notre juge. Et j'ajouterai que si le paradis et l'enfer n'existent pas en tant que tels dans l'au-delà, ils existent ici-bas.

— Que veux-tu dire ? répondit l'homme, intrigué par ces paroles.

— Le paradis, c'est la joie parfaite qui illumine notre être lorsque tout est juste, bon, harmonieux. L'enfer, c'est la prison de nos passions : la haine, la jalousie, le ressentiment, l'envie, la débauche… tout ce qui nous coupe de la vérité, de la justesse, du respect de nous-mêmes et des autres. En enfer, nous connaissons encore des petits plaisirs – celui de dominer les autres, d'abuser ou de dire du mal d'eux, peut-être même de les tuer – mais plus jamais de grandes joies : celles qui dilatent notre cœur et nous donnent envie de danser avec l'univers entier. »

En écoutant Natina, l'homme s'aperçut qu'il n'avait plus connu de vraies joies depuis bien longtemps. Depuis, en fait, qu'il avait rencontré sa femme et élevé ses enfants. Mais ils avaient péri dans la Grande Catastrophe et il ne s'en était jamais remis. Il en voulait à Dieu, à la vie, aux autres. Il avait fermé son cœur et il était devenu brutal et tyrannique, assouvissant ses moindres désirs sans respect pour ceux d'autrui. Pourtant, quelque chose de sa vie passée n'était pas totalement éteint. Une petite lueur de pitié s'allumait parfois, lorsqu'une de ses victimes le suppliait. Il lui était arrivé de relâcher des femmes qu'il avait kidnappées pour qu'elles puissent rentrer chez elles retrouver leur mari et leurs enfants. Il dormait mal aussi depuis longtemps et faisait parfois de terribles cauchemars. Il savait au fond de lui, bien qu'il survécût par le seul pouvoir de sa force physique, qu'il était moins heureux que par le passé, quand il vivait en harmonie avec les autres. Les paroles de Natina ravivaient ses interrogations. N'avait-il pas été trop loin ? Même si aujourd'hui il changeait son comportement, il avait tellement mal agi durant toutes ces années que son destin était sans doute scellé et que rien ne pourrait le sauver de lui-même et de ses crimes. Il finit par répondre à la jeune femme : « Même si tu dis vrai, les vieilles religions avaient au moins raison sur ce point : on ne passe pas de l'enfer au paradis.

— Je ne pense pas comme elles ! Rien dans le cœur humain n'est jamais définitif. Des sages du passé, qui croyaient avoir atteint la libération définitive et le paradis, sont subitement tombés en enfer parce qu'une part d'ombre ignorée d'eux-mêmes s'est réveillée : que ce soit l'orgueil, la vanité, la force du désir sexuel ou autre chose. De même, des criminels, qui vivaient enfermés dans l'enfer de leurs passions et de leur ignorance, ont pu subitement découvrir les joies du paradis en laissant jaillir la petite lumière qui dormait encore en eux, tapie dans un recoin de leur âme. Tout est toujours possible.

— Qu'est-ce qui pourrait ranimer cette flamme si elle est enfouie sous le poids de nombreux crimes ?

— Il existe, j'en ai l'intime conviction, des forces de bonté enfouies dans le cœur de tout être humain. Il suffira qu'un jour, à l'occasion d'un événement, d'une prise de conscience, d'une rencontre... un désir de s'améliorer, de retrouver la lumière, s'allume en toi pour que tu puisses changer, libérer ces forces de bonté et passer de l'enfer au paradis. On a donné bien des noms à cela par le passé : conversion, métanoïa, rédemption, retournement... » L'homme était de plus en plus troublé. Il poursuivit : « Et comment ne pas expier nos crimes ? Tu le disais toi-même tout à l'heure : on récolte nécessairement ce qu'on a semé.

— En effet, tout acte produit un effet et nul ne peut effacer ce qu'il a commis ni échapper à ses conséquences, d'une manière ou d'une autre. Mais l'univers est gouverné par ces deux grandes lois universelles complémentaires : la loi de causalité et celle de l'amour. Cette dernière est plus puissante encore. La contrition profonde d'un cœur le sauve d'une grande partie de ses dettes envers la justice immanente du monde. L'amour, la compassion et le pardon sont plus forts que tout : ce sont les énergies les plus puissantes de l'univers visible et invisible. »

Après un long temps de silence, l'homme se releva, regarda la jeune femme dans les yeux et lui dit : « Comment t'appelles-tu ?

— Natina. Et toi ?

— On m'appelle Fine Lame, à cause de ma dextérité au couteau. Tu m'as fait réfléchir et je ne t'oublierai pas. » Sur ce, il se releva et se tourna vers ses compagnons : « Partons. »

16

Violence

Les deux autres hommes restèrent stupéfaits. Le plus grand d'entre eux réagit vivement :

« Quoi ! Tu veux qu'on parte sans la fille ?

— Oui. Laissons-la poursuivre son chemin. Elle n'est pas comme les autres. » L'homme rit :

« Ah ça, c'est sûr : elle est beaucoup plus jolie !

— Laissons-la, je te dis », répéta Fine Lame d'un ton ferme. L'autre homme cessa de sourire et s'approcha de Natina. Le chef se saisit de lui. L'homme réagit violemment et ils se roulèrent à terre. Fine Lame prit finalement le dessus. Il s'assit sur l'autre, qui était allongé au sol sur le dos, et le menaça avec son couteau.

« Tu as compris, maintenant ?

— C'est bon, on y va », grommela l'homme. Au même moment le troisième homme, qui était resté en dehors de la bagarre, se plaça juste derrière Fine Lame et leva soudainement son pieu au-dessus de lui. Natina hurla : « Attention ! » Mais l'homme planta au même instant son pieu dans le dos du chef, qui s'écroula en crachant du sang. La jeune femme se précipita sur lui, mais l'homme la projeta violemment à quelques mètres. Celui qui était allongé au sol se dégagea du corps de Fine Lame et se releva. Il avança vers Natina en souriant. « Tu as réussi à embrouiller le cerveau de notre ami avec ton baratin, mais avec nous, ça ne marchera pas », dit-il en ricanant. L'autre homme s'approcha également de la jeune femme. Leur regard était sombre et cruel. Natina savait qu'elle ne pourrait lutter contre ces deux hommes avec des mots. Alors elle se saisit presque instinctivement de deux grosses pierres sur le sol.

Il eut été facile aux deux hommes de venir à bout de la jeune femme avec leurs pieux acérés, mais ils tenaient à la prendre vivante et le moins abîmée possible. L'un d'eux s'approcha. Natina lui lança avec vivacité une pierre qui l'atteignit en plein front. Il s'écroula au sol. D'abord médusé, puis fou de rage, le second se précipita sur Natina, réussit à esquiver la seconde pierre et roula au sol avec elle. Beaucoup plus fort, il réussit à l'immobiliser sur le dos, juste à côté du corps inerte de Fine Lame. La tenant fermement par la gorge, il arracha avec son autre main les vêtements de la jeune femme, désireux d'abuser d'elle. Natina cherchait un objet avec ses mains et sentit le corps de Fine Lame. Elle descendit jusqu'à sa hanche et parvint à se saisir du couteau attaché à sa ceinture. D'un geste prompt, elle le planta dans la gorge de son agresseur. Un flot de sang jaillit aussitôt de sa trachée ouverte. L'homme resta un moment hébété, puis tenta d'arrêter le sang en se serrant la gorge des deux mains. Enfin il s'écroula et agonisa sur le sol quelques instants, avant de mourir.

Natina resta stupéfaite. Elle venait de tuer un être humain. Même si elle avait agi presque instinctivement, pour sauver sa peau, elle en était bouleversée. Elle se ressaisit pour aller voir son premier agresseur, qu'elle avait assommé. L'homme était inconscient, mais encore en vie. Elle lui retira ses armes et lui lia les pieds et les mains derrière le dos à l'aide de cordes qu'elle découvrit dans leurs sacs et qui devaient servir à ligoter leurs prisonniers. Puis elle se rendit auprès de Fine Lame qui baignait dans une mare de sang. L'homme respirait encore. Elle posa sa tête sur ses genoux et lui caressa le visage. Il entrouvrit les yeux et esquissa un sourire : « Tu sais aussi te battre…

— J'ai tué le plus grand et assommé l'autre, répondit Natina d'une voix tremblante.

— Tu n'avais pas le choix…

— Tu as risqué ta vie pour moi… Merci.

— C'est la seule bonne action que j'ai faite depuis bien longtemps. Tes paroles ont retourné mon âme… » L'homme toussa du sang. Sa respiration devint plus lente. Il voulut dire encore quelque chose à la jeune femme, mais aucune parole ne put franchir ses lèvres. Il serra fortement la main de Natina pendant quelques secondes, puis il regarda fixement le ciel et rendit son dernier souffle.

La jeune femme était bouleversée, mais se sentait encore trop en danger pour prendre le temps d'accompagner l'âme du défunt. Elle desserra les liens du troisième homme, qui commençait à revenir à lui, afin qu'il ne devienne pas la proie des bêtes sauvages et puisse brûler, ou enterrer, les corps de ses compagnons. Puis elle s'enfuit à toutes jambes avec les armes.

Elle courut longtemps. Lorsqu'elle se sentit hors de danger, elle cacha les armes et but à une source. Elle s'assit quelques instants au pied d'un grand arbre pour reprendre des forces. Elle fut alors secouée par un flot de larmes. Elle pleurait sans doute autant le décès de cet homme, qui était mort pour l'avoir sauvée, que le choc d'avoir tué pour la première fois de sa jeune existence. Puis elle reprit sa route en direction de la plaine.

Pendant ces journées de marche, elle était hantée par ces images sanglantes et ne cessait de méditer sur ces événements dramatiques. Son âme était troublée. Elle peinait à trouver le sommeil et toute la sagesse qu'elle avait acquise ne parvenait pas à lui rendre la paix intérieure. Elle finit par atteindre un village. Sa réputation ne l'avait pas précédée en cette contrée lointaine et les gens virent en elle une simple jeune femme en haillons, affamée et les yeux hagards. Ils eurent pitié d'elle. Une famille l'hébergea, la lava, la soigna, la nourrit et lui donna de nouveaux vêtements. Ils ne lui posèrent aucune question, car ils savaient que la plupart des voyageurs égarés avaient subi de grandes souffrances. Ils lui proposèrent de rester chez eux le temps qu'elle désirerait. Natina reprit vite des forces et retrouva le sommeil. Mais son âme était encore troublée et il lui arrivait parfois de pleurer de longs moments.

Un soir, auprès de l'âtre, alors que toute la famille était partie dormir, elle resta seule avec le grand-père, un vieux paysan qui n'ouvrait presque jamais la bouche. Il la regarda avec tendresse et lui dit :

« Tu as traversé une rude épreuve, n'est-ce pas ? » La jeune femme acquiesça d'un hochement de tête.

« Si tu veux en parler, je suis là. » Après un long moment, tout en regardant la flamme du foyer vaciller, Natina lâcha ces mots : « J'ai tué un homme. » Le vieillard ne sembla pas troublé par cette soudaine confession. Il garda encore le silence, puis reprit : « Moi aussi. Juste après la Grande Catastrophe. Deux pillards qui essayaient de violer ma fille, celle-là même qui a pris soin de toi, après avoir tué ma femme. Je les ai abattus d'un coup de fusil. Je n'ai jamais ressenti le moindre remords. J'imagine que tu as tué pour défendre quelqu'un ou te défendre toi-même ?

— Oui, j'ai voulu protéger ma vie. Pour vous, c'est différent : vous avez agi par amour pour votre enfant.

— Et toi, tu as agi par amour pour toi-même et ta propre vie, qui est tout aussi précieuse que celle de ma fille. La violence est légitime face à celui qui entend profiter de sa force pour s'attaquer à une personne plus faible. Si tu es amenée à tuer parce qu'il n'y a pas d'autre solution pour défendre ta vie ou celle d'un autre, pour moi il n'y a aucun mal. »

Natina médita les paroles du vieil homme, sans être totalement convaincue. Elle se rendait compte qu'elle avait agi instinctivement, presque comme un animal, et cela la troublait aussi car elle avait pris l'habitude de maîtriser le moindre de ses actes. Peut-être aurait-elle dû chercher à blesser l'homme plutôt qu'à lui trancher la gorge, ce qui le condamnait à coup sûr à périr ? Elle se demandait si elle n'avait pas agi ainsi par colère et par haine pour son agresseur, comme ce vieil homme avait sans doute voulu venger la mort de sa femme en abattant ces deux criminels sans sommation. Les sages lui avaient enseigné à ne pas répondre à la violence par la violence, et elle s'était juré de toujours agir ainsi. Mais il était si difficile de rester passif face à la violence d'autrui, surtout lorsqu'il s'agit de sauver sa peau ou celle d'un innocent ! Elle ne trouvait aucune réponse satisfaisante à ses questions et se rendait compte que les situations extrêmes rendaient bien difficile l'application des règles morales auxquelles elle souscrivait. Elle finit par s'endormir devant le foyer qui projetait ses dernières lueurs.

Une fois que son corps fut rétabli, Natina décida de reprendre la route. Mais son âme était encore tourmentée. Elle n'avait plus le cœur à enseigner : « Comment une femme qui a tué de sang-froid un autre être humain peut-elle encore transmettre la sagesse ? » se disait-elle. D'ailleurs, elle n'était pas connue dans ces contrées lointaines et elle pouvait voyager incognito. Elle reprit son bâton, remercia chaleureusement ses hôtes et quitta le village. Elle poursuivit son chemin vers l'orient. Chacun de ses pas était soutenu par l'image du visage d'un être cher.

17

Le Serviteur

Le jeune homme avait repris des forces. La guérisseuse lui administra un nouveau traitement à base de plantes. « Ta constitution est vigoureuse et ton esprit étonnamment puissant, lui dit-elle en lui tendant un bol. Tu as vite éliminé ce mal qui aurait pu te coûter la vie.

— J'ai surtout eu de la chance que ceux qui m'ont trouvé inanimé au bord du chemin m'aient conduit à toi. Comment te nommes-tu ?

— On m'appelle Ada la guérisseuse. Et toi ?

— Tenzin.

— Tu as ingéré un poison puissant, Tenzin. Te souviens-tu avoir mangé des fruits, des champignons ou des baies sauvages ?

— Non. Je ne cueille dans la nature que ce que je connais bien. J'ai pris mon dernier repas chez des villageois qui m'avaient hébergé près d'une semaine.

— Qu'as-tu mangé ?

— Juste avant que je ne reprenne la route, on m'a donné une galette de riz que j'ai mangée sept ou huit heures après avoir quitté le village. Mais c'est vrai qu'elle avait un goût étrange. » La guérisseuse demeura interdite. Puis elle reprit :

« Pour moi, cela ne fait aucun doute : on a voulu t'empoisonner. Y avait-il des gens qui auraient pu t'en vouloir dans ce village ? » Tenzin resta un instant muet à son tour, avant de répondre :

« Il y avait peut-être cet homme, l'un des chefs du village, qui s'est opposé violemment à moi lorsque j'ai parlé de l'égalité entre les hommes et les femmes. Mais de là à vouloir me tuer !

— Parce que tu parles de ces choses-là aux gens ?

— Oui, et de bien d'autres. Je parcours le monde nouveau et les gens m'interrogent sur le sens de l'existence, le bonheur, la justice et bien d'autres sujets qui les aident à vivre.

— Ne serais-tu pas celui qu'on appelle le Serviteur ?

— C'est bien moi. » Le regard de la guérisseuse s'illumina.

« J'ai entendu parler de toi. Il paraît qu'on t'a enseigné une immense sagesse avant la Grande

Catastrophe et que tu as pour mission de la transmettre aux survivants ?

— C'est le cas.

— Pourquoi te nomme-t-on "serviteur" et non "maître", puisque tu enseignes la sagesse ?

— Je récuse ce titre, car je suis jeune et j'ai encore beaucoup à apprendre. Je considère ma mission comme un service auprès des survivants, et c'est pourquoi l'on m'appelle "le Serviteur".

— C'est vrai que tu sembles bien jeune ! Comment as-tu appris autant de choses en si peu d'années ? » Tenzin sourit :

« Je suis né dans l'ancien pays du Tibet. J'ai été reconnu petit enfant comme la réincarnation d'un grand maître du passé et on m'a élevé de manière particulière, en entraînant mon esprit par la pratique intensive de la méditation. Ensuite, adolescent, j'ai été initié à la sagesse universelle par des sages venus des quatre coins du monde. Lorsque le cataclysme est survenu, j'ai survécu et découvert dans la tombe de l'ancien abbé du monastère, dont je suis censé être la réincarnation, une lettre qu'il avait écrite avant de mourir et qui annonçait la Grande Catastrophe ainsi que ma mission. » Le jeune homme marqua une pause, puis il demanda à la guérisseuse de bien vouloir lui apporter son manteau orange. Il fouilla alors la poche intérieure et en sortit avec soulagement un parchemin plié.

« Heureusement, elle est toujours là ! C'est la seule chose à laquelle je suis attaché !

— Le seul objet matériel, peut-être, mais pas la seule chose, répondit la guérisseuse avec une lueur d'ironie dans le regard.

— Que veux-tu dire ? demanda Tenzin, intrigué par cette remarque.

— Qui est Natina ? » Le garçon resta coi.

« Tu n'as cessé de prononcer ce nom lorsque tu délirais. » Il sourit et répondit après un temps d'hésitation :

« Nous étions deux adolescents à recevoir ces enseignements. Natina venait de l'ouest, de l'ancien continent européen. Elle est rentrée dans son pays juste avant le cataclysme… et je ne sais pas si elle a survécu, ajouta-t-il, la mine plus sombre.

— Tu l'aimais ?

— Nous étions amis et nous avons eu quelques émois amoureux…

— Tu as dû quitter ton ancien pays depuis bien longtemps et tu as marché des années vers l'ouest. N'est-ce pas pour la retrouver ?

— Je marche pour accomplir ma mission. Mais tu as raison : j'aurais pu emprunter d'autres directions que celle de l'occident. Je serai certainement très ému de la revoir, si elle-même a survécu à la Grande Catastrophe. » Puis le garçon ajouta avec tristesse :

« Mais il y a tellement de chemins, de vallées, de contrées, que ma chance de la retrouver est infime. » Tenzin marqua une pause : « Pourtant nos esprits semblent étrangement liés. Je rêve souvent d'elle et j'ai l'impression, lorsque je me concentre longtemps sur son visage, de ressentir ses propres sensations : je me sens envahi d'émotions qui ne sont pas les miennes. Cette nuit même, j'ai ressenti une peur puissante dont je ne comprenais pas l'origine. J'ai alors eu la certitude que Natina courait un grave danger. C'est vrai, je serais si heureux de la savoir en paix et de la retrouver ! » La femme sourit à nouveau.

« Je crois que je peux t'aider.

— De quelle manière ? » l'interrogea Tenzin. En guise de réponse, la guérisseuse alla chercher une petite baguette en bois qui se terminait en forme de fourche. « On dirait une baguette de sourcier, reprit le jeune homme, de plus en plus interloqué.

— C'est à peu près cela. Sauf que cette baguette peut être programmée par ton esprit à chercher autre chose que de l'eau.

— Que veux-tu dire ?

— Si ta quête est pure, elle a le pouvoir de te conduire jusqu'à une chose, ou un être, que tu désires intensément retrouver. » Tenzin resta médusé.

« Tu es certaine de cela ?

— Ne crois-tu pas aux pouvoir de l'esprit ?

— Assurément.

— Et ne crois-tu pas aussi que l'esprit peut agir sur la matière ?

— Bien sûr ! Dans ma tradition, on raconte de nombreux prodiges que les grands maîtres spirituels sont capables de faire par la puissance de leur esprit, comme dédoubler leur corps ou faire apparaître des objets.

— Sais-tu que je t'ai guéri presque uniquement par la prière ?

— Je croyais que tu m'avais soigné avec des plantes.

— Aussi, pour réparer les dégâts du poison dans ton sang et dans ton ventre. Mais tu dois l'essentiel de ta guérison à mes prières qui ont renforcé ton énergie vitale et permis à ton corps de mieux lutter contre le mal qui te rongeait. »

Tenzin sourit. Il était heureux d'avoir rencontré cette femme qui non seulement l'avait sauvé, mais possédait également cette connaissance et cette maîtrise si rare des pouvoirs mystérieux de l'esprit. Il regarda la baguette que la guérisseuse avait posée contre lui.

« C'est ma mère qui a reçu cet objet de sa propre mère, qui avait de grands dons, poursuivit la femme. Il suffit que tu penses intensément à cette chose, ou à cette personne, pendant plusieurs jours et plusieurs nuits en gardant la baguette contre toi. Ensuite, elle t'y conduira.

— De quelle manière ?

— À chaque bifurcation, tu la sortiras et elle oscillera de haut en bas face au chemin qu'il conviendra de prendre. C'est aussi simple que cela. Mais, encore une fois, cela ne fonctionnera que si ta demande est juste. » Le jeune homme resta un long moment silencieux, avant de répondre :

« Je crois que j'aime Natina de tout mon cœur et que, hormis le désir de transmettre la sagesse aux survivants, mon souhait le plus cher est de la retrouver.

— Alors cette baguette est à toi. Puisse le destin te conduire ainsi plus aisément jusqu'à elle. » Tenzin était bouleversé. Comme tous les Tibétains, il croyait aux signes du destin et n'eut aucun doute que son esprit pouvait se relier à ce morceau de bois.

« Comment te remercier pour ce merveilleux cadeau ?

— Deux choses me feraient plaisir, répondit la femme après un temps de réflexion.

— Je t'écoute.

— Comme tu dois encore te reposer quelques jours et te connecter à la baguette avant de reprendre la route, j'aurais aimé profiter de tes connaissances et te poser une question qui me tient à cœur.

— Avec joie, répondit Tenzin sans hésiter. Et la seconde ?

— Ton histoire m'intrigue. Accepterais-tu de me lire cette lettre que tu gardes si précieusement sur toi ? » Tenzin sourit.

« Commençons par là ! » dit-il après un bref temps de réflexion. Il déplia le précieux parchemin. Bien qu'il le connût par cœur, il prit soin de lire chaque mot de la lettre à la guérisseuse. C'est la première fois qu'il portait à la connaissance d'une autre personne le contenu de cette si étrange missive.

« Cher Tenzin,

Si tu lis un jour ces mots, c'est probablement que la Grande Catastrophe qui a hanté mes nuits est arrivée. Survivant à cette épreuve, ton esprit aura été guidé vers eux par le karma, tel l'oiseau capable de retrouver son nid après une migration de milliers de kilomètres. Depuis quelques années, alors que mon corps est malade, mon esprit n'a cessé de s'affiner et j'ai perçu en méditation profonde les événements qui allaient survenir après mon départ de cette terre.

Par sa convoitise sans limites, l'homme est en train de piller et de dérégler l'harmonie qui gouverne le monde. En abîmant la terre, c'est lui-même qu'il condamne. Car le monde et la vie lui survivront, mais lui-même est en train de creuser son propre tombeau. La Nature va bientôt se révolter contre la tyrannie humaine. J'ai vu un puissant cataclysme frapper la terre et détruire une grande partie de l'humanité. Mais j'ai aussi vu des humains survivre çà et là. Ce petit reste d'humanité devra apprendre à vivre sans répéter les erreurs du passé. Or le cœur de l'homme est ainsi fait qu'il risque de reproduire les fautes qui ont entraîné ce désastre.

J'ai compris qu'il me serait nécessaire de revenir sur cette terre pour enseigner aux survivants une autre manière de se comporter. Leur apprendre les fondements universels de la sagesse. Je ne sais comment cela se fera et quelle forme prendra cette transmission. Je sais seulement que mon esprit reviendra encore une fois sur cette terre dans ce but précis. D'autres, ailleurs, auront certainement reçu ce même appel.

J'ai su que je m'appellerai Tenzin lors de cette renaissance. C'est donc à toi, Tenzin, que cette lettre est adressée. Lorsque tu la liras, je ne sais quel âge tu auras et comment sera ton esprit. Si tu es seul et triste, sache que tu ne le resteras pas longtemps. Ne tarde pas : descends dans les vallées enseigner et consoler les hommes perdus et en quête de repères. C'est en les consolant que ton cœur sera consolé.

Ne t'arrête jamais en chemin. Parcours le monde tant que tu seras en vie. Enseigne inlassablement ce que tu auras appris et mets-le en pratique, car c'est en te voyant vivre et en voyant la lumière de ton regard que les hommes croiront en tes paroles. Les religions du passé ont en partie échoué dans leur mission de convertir le cœur de l'homme, parce qu'elles ont trop souvent préféré assoir leur emprise sur le monde plutôt que de servir l'humanité. Elles sont trop souvent devenues des lieux de pouvoir au profit des diverses communautés humaines, alors qu'elles devaient être des phares pour le monde entier.

La sagesse que tu transmettras ne servira aucun clan, aucune ethnie, aucun peuple, au détriment d'un autre. Elle servira tout être vivant pour l'aider à s'accomplir dans une responsabilité et un amour universels.

Pars, Tenzin. Descends consoler les humains et les éclairer. Tu n'es pas seul. La force de la Voie et l'amour de tous les êtres éveillés sont avec toi.

Puisse ton cœur demeurer dans la joie. »

Lama Tokden Rinpoché

18

Seconde naissance

Tenzin se reposa encore trois jours chez la guérisseuse. Comme la femme le lui avait prescrit, il avait posé la baguette contre lui le jour comme la nuit, orientant sans cesse ses pensées vers Natina. Un matin, il alla trouver la femme. « Me voilà prêt à partir. Pour te remercier, j'aimerais exaucer ton second souhait : celui de répondre à une question qui te préoccupe. » La femme répondit presque aussitôt :

« Tu as reçu des enseignements de sages appartenant à toutes les grandes traditions spirituelles de l'Ancien Monde. Ma question est très simple : sur quoi fonder une vie bonne et heureuse ? »

Tenzin ferma les yeux quelques instants, puis lui répondit : « Les courants de sagesse de l'Ancien Monde enseignent que se connaître soi-même est au fondement d'une vie bonne et heureuse. Car comment bien mener sa vie si on ne sait pas qui l'on est ? Comment faire les choix justes ? Comment discerner les bonnes et les mauvaises rencontres, celles qui peuvent nous élever et celles qui peuvent nous diminuer ? Comment bien orienter notre vie si nous sommes ignorants de ce qui est bon et mauvais pour nous ? Chaque être humain est différent, possède des dons, des qualités, des fragilités, des parts d'ombre qui lui sont propres. Il convient à chacun de les identifier.

— Mais comment faire ? demanda la femme.

— Par l'introspection. Par l'observation de soi. Par l'analyse de nos réactions émotionnelles face aux événements, de nos désirs et de nos aversions : pourquoi est-ce que telle situation me terrorise ? Pourquoi tel type de personne m'attire ? Pourquoi est-ce que je fuis au contraire telles autres personnes ? Quelle activité me met dans la joie et quelle autre dans la tristesse ? La joie et la tristesse sont deux sentiments puissants qui m'indiquent bien souvent ce qui est bon pour moi et ce qui ne l'est pas. À force de t'observer et d'analyser ton comportement, tu seras mieux à même d'orienter ta vie, comme un cocher est capable de conduire des chevaux qu'il connaît bien.

« Mais puisque tu es curieuse de ces choses-là, je vais aller plus loin et, si tu le souhaites, te parler plus longuement de la manière dont tout être humain se développe à travers les deux grandes dimensions de son être : sa pensée et sa vie affective. » Le regard de la femme s'illumina. Tenzin poursuivit :

« Les anciennes sagesses d'Orient nous disent que toutes les pensées que nous avons conçues depuis notre naissance constituent un vaste réservoir d'idées qu'elles appellent "le mental". Elles nous disent aussi que toutes nos émotions, nos désirs, nos sentiments forgent progressivement notre moi individuel, qu'elles nomment "l'ego". Le mental et l'ego sont les deux instances qui gouvernent notre vie et nous nous identifions à elles. Ces sagesses nous disent aussi qu'il existe en nous une autre instance supérieure au mental ou à l'ego, qu'on peut appeler l'esprit, l'âme ou le Soi. C'est grâce à elle que nous pouvons, par la méditation et l'introspection, prendre du recul par rapport à notre ego et à notre mental et en comprendre le fonctionnement.

« Notre ego se construit peu après la naissance, lorsque nous prenons conscience de la différence qui existe entre nous et notre mère, puis entre nous et le reste du monde. Il va ensuite s'édifier et se renforcer au fil des relations affectives que nous allons établir avec notre entourage. Chaque ressenti et émotion, chaque désir et pulsion et leur satisfaction ou non-satisfaction vont apporter leur pierre à la construction de notre ego. Il en va de même pour le mental : toute expérience, toute émotion, tout ressenti, s'accompagne d'une idée qui reste gravée en nous. Lorsque nous sommes confrontés à une expérience inédite, notre mental va chercher dans cet immense réservoir d'idées celle qui lui permettra de faire face au mieux à la situation.

« L'ego et le mental sont indispensables à la survie. Grâce à eux, nous développons un sentiment d'individualité, un sens de notre propre intérêt, qui nous permettent d'affronter l'existence, ses dangers et ses aléas, le mieux armés possible. Un enfant qui a un ego mal structuré, ou un mental faible, sera mal adapté à la vie et peu apte au bonheur. Mais notre difficulté à être heureux provient aussi du fait que notre ego et notre mental se sont construits pour nous protéger, sans être nécessairement dans la vérité. Nous avons conçu des idées erronées pour nous protéger d'une réalité trop douloureuse. Par exemple, si nos parents nous maltraitaient, plutôt que de concevoir qu'ils étaient méchants – ce qui est impensable pour un petit enfant qui a besoin de ses parents pour survivre –, nous avons pu penser que c'est nous qui étions méchants et que nous méritions ces punitions. De même, si un parent nous rejette régulièrement parce qu'il est fatigué, nous pouvons développer un sentiment durable de tristesse et penser que nous ne sommes pas aimables. Notre ego et notre mental se construisent à travers la relation aux autres et leur regard. Cela peut nous éloigner de nous-mêmes, de notre nature singulière et profonde, de nos goûts et de nos aspirations les plus personnelles. C'est la raison pour laquelle il sera un jour précieux d'utiliser la puissance de notre esprit pour apprendre à nous connaître et à démasquer les mensonges de notre mental et les failles de notre ego, afin de devenir véritablement nous-mêmes.

« J'ajouterai que ce travail de découverte doit s'accompagner d'un autre processus, tout aussi important : la création. Découverte et création sont les deux processus complémentaires de la réalisation de soi.

— Je comprends bien ce que signifie apprendre à se connaître, mais qu'entends-tu par création ?

— Connaître notre nature singulière, notre tempérament, nos forces et nos faiblesses, les pièges de notre ego et de notre mental : tout cela nous aide à devenir plus lucides et conscients, mais ce n'est pas suffisant pour grandir en humanité et nous épanouir pleinement. Nous avons tout autant besoin de devenir les créateurs de nous-mêmes et de notre propre existence. Chacun d'entre nous possède de nombreuses potentialités, des dons, des talents, des ressources qu'il nous faut cultiver et développer. Nous pouvons aussi agir sur nos failles et nos fragilités pour ne plus être handicapés ou conditionnés par elles, voire nous appuyer sur elles pour grandir davantage encore en sensibilité, en compassion, en compréhension de l'humain. C'est tout cet effort de croissance de notre être que j'appelle le processus créatif. Nous cherchons, à partir de ce que nous sommes et découvrons de nous-mêmes, à nous accomplir dans notre être et à faire de notre vie une œuvre d'art.

« C'est le travail d'une vie, mais c'est la condition nécessaire à la liberté intérieure et à un bonheur durable et profond. Et le plus extraordinaire, c'est que plus nous progressons dans cet accouchement à nous-mêmes, dans cette seconde naissance, plus nous comprenons que nous sommes bien plus que cet ego et ce mental auxquels nous nous identifions depuis notre plus tendre enfance. Nous nous apercevons qu'il n'y a pas véritablement de séparation entre nous et la totalité du réel, que nous faisons partie du Tout, quel que soit le nom que les sagesses de l'Ancien Monde lui donnaient : la Nature, Dieu, le Tao, le Brahman, la nature du Bouddha… Rien ne nous rend alors plus joyeux que cette prise de conscience, que les anciennes sagesses d'Orient appelaient l'Éveil. »

19

Désir

Tenzin reprit son baluchon et fit ses adieux à la guérisseuse. Ils étaient émus, car en si peu de temps, ils s'étaient tant apportés l'un à l'autre. Sitôt qu'il eut rejoint le chemin principal, il sortit sa baguette. Elle lui indiqua de tourner à gauche, en direction du sud-ouest. Il poursuivit donc sa route vers l'occident, et à chaque bifurcation, il ne manquait pas d'interroger à nouveau son morceau de bois.

Au fil de ses pérégrinations, il avait appris à développer une relation particulière avec les animaux. Par des exercices de méditation, il pouvait les comprendre et leur parler par la pensée. Aussi était-il souvent suivi par des chiens errants, ou entouré d'oiseaux qui chantaient autour de lui. C'est ainsi que les survivants le reconnaissaient. Après deux journées de marche, il traversa un grand village. Un habitant devina qui il était car tous les chiens du village étaient venus l'accueillir en glapissant joyeusement, et les villageois se regroupèrent bientôt autour de lui.

« Tu es le Serviteur, n'est-ce pas ? », demanda une vieille femme qui devait être la cheffe du village. Tenzin acquiesça. La femme poursuivit : « Il se raconte que tu viens du lointain Orient pour nous apprendre à mieux vivre ? Peux-tu nous dire quelque parole de sagesse ?

— Que souhaitez-vous savoir, ô survivants ? » répondit Tenzin. Une jeune femme prit la parole : « Nos anciens disent que le monde a péri parce que les hommes désiraient toujours plus d'argent et de biens matériels. Ils prônent de vivre de manière rude, sans confort, et d'apprendre à limiter nos désirs pour ne pas commettre les erreurs du passé. Mais nous, les jeunes, nous trouvons triste de vivre ainsi. Qu'en penses-tu, toi qui es sage, mais également jeune ? » Tenzin regarda la jeune fille avec tendresse. Puis il ferma les yeux, entra en lui-même, et répondit d'une voix profonde et assurée :

« Vos anciens ont raison de dire que le vieux monde a péri à cause de la convoitise des humains qui désiraient posséder toujours plus. Leur avidité n'avait pas de limites et les a conduits à se comporter en véritables tyrans envers la nature, les animaux et même une partie des autres humains, qui travaillaient dur et pour très peu de gain, afin de satisfaire les désirs de la majorité, qui détenait la richesse et le pouvoir. Les anciens ont donc raison de dire qu'il faut apprendre à limiter nos désirs de possession et à vivre sobrement, avec les choses fondamentales nécessaires au bien-être.

« Mais je ne crois pas, comme vos anciens, qu'il faille rejeter tout ce qui améliore le confort de vie. Si un outil vous aide à travailler avec moins de peine, utilisez-le. Si un objet que vous fabriquez vous apporte du bien-être pour manger, dormir ou vous détendre, tant mieux ! Ce qui a fait périr l'Ancien Monde, ce n'est pas le progrès technique, qui a beaucoup réduit la souffrance des humains, mais leur incapacité à passer ce progrès au filtre de la conscience. Les humains ont été éblouis par les progrès fulgurants de la technologie et ne se sont plus posé la question du coût humain, du coût pour la société et pour la nature. Ils sont devenus des esclaves dociles de leurs désirs matériels sans limites, sans en mesurer les conséquences. C'est cette démesure qui est à l'origine de l'effondrement du monde, non pas la possession de biens utiles ou le désir d'améliorer le sort de l'humanité par la technologie. N'ayez donc pas peur de découvrir ou d'utiliser les connaissances déjà acquises, qui pourraient rendre votre vie moins pénible ou plus confortable. Sachez seulement vous limiter dans vos désirs lorsque ceux-ci ont pour effet de créer de la souffrance et d'exploiter des humains, des animaux ou d'abîmer la nature. Le respect de la loi universelle d'harmonie doit toujours guider vos actions. »

Un homme reprit : « Si je comprends bien, ce n'est pas le désir qui est en cause, mais notre difficulté à le limiter ?

— Le désir est un bien précieux. Sans désir, la vie vaudrait-elle la peine d'être vécue ? Nos désirs sont les moteurs de nos existences. Nous désirons vivre, manger, grandir, aimer, travailler, être heureux, échanger, connaître, découvrir, nous accomplir. Ce qui nous rend malheureux et ce qui devient destructeur pour les autres, ce n'est pas le désir en tant que tel, mais le désir-attachement. C'est-à-dire un désir désordonné, sur lequel nous n'avons plus prise, et qui affecte tellement nos vies que nous en devenons esclaves. Ainsi est-il nécessaire de manger pour vivre et juste de trouver du plaisir à s'alimenter, mais certains vivent pour manger et passent leur temps à chercher toujours plus de mets savoureux, devenant esclaves de la nourriture. De même, il est bon et sain pour des adultes d'avoir une vie sexuelle régulière et d'éprouver du désir pour un autre humain, mais certains font de la recherche du plaisir sexuel leur principal objectif et deviennent esclaves de leurs pulsions. Il est aussi normal de désirer être reconnu par les autres et avoir une place dans la communauté, mais cela ne doit pas devenir une obsession. Lorsque le désir nous lie à une passion, il nous asservit et finalement nous rend malheureux et dangereux pour les autres. À l'inverse, lorsque le désir reste sous la maîtrise de notre cœur et de notre intelligence, lorsque nous savons le limiter quand cela est nécessaire et l'orienter vers des choses ou des personnes qui sont bonnes pour nous, il nous apporte les plus grandes joies de l'existence. »

Tenzin ferma à nouveau les yeux et demeura silencieux un moment. Lorsqu'il les rouvrit, la jeune femme qui avait posé la première question prit à nouveau la parole : « Peux-tu nous dire, ô Serviteur, quels sont les plus grands désirs qui t'animent ? »

Tenzin esquissa un large sourire :

« Il y a en a beaucoup ! » Après un bref temps d'introspection, il poursuivit : « Comme chacun d'entre vous, j'ai des désirs qui animent ma vie quotidienne : manger, boire, dormir dans un endroit paisible, éviter les mauvaises rencontres, etc. Mais si je réfléchis aux désirs les plus importants, ceux qui guident mon existence, j'en vois trois principaux. Celui, d'abord d'atteindre l'Éveil, de ne plus m'identifier à mon ego et de me libérer du désir-attachement. Celui aussi de venir en aide à tous les êtres vivants et de les servir pour qu'ils souffrent moins et puissent eux aussi atteindre l'Éveil. » Il marqua une pause et ajouta sur un ton plus intime : « Celui, enfin, de retrouver une jeune femme que j'ai rencontrée adolescent et que mon cœur aime. » Tenzin marqua une nouvelle pause, puis poursuivit : « Si je la retrouve, j'en serai très heureux. Mais si tel n'est pas le cas, je l'accepterai aussi de bon cœur, car cela ne dépend pas que de moi. »

20

Acceptation

Un vieil homme prit la parole : « Si je comprends bien ta philosophie de vie, tu ne t'interdis pas de désirer quelque chose ou quelqu'un, mais si cette chose ou cette personne te sont inaccessibles, tu n'en es pas troublé ou malheureux pour autant ? C'est la différence entre un désir-détaché et le désir-attachement que tu évoquais ?

— C'est cela. Le désir-attachement nous pousse à vouloir absolument posséder une chose ou une personne et sa non-possession nous plonge dans la souffrance. De même, le désir-attachement nous pousse à vouloir conserver à tout prix une chose ou une personne et sa perte nous rend malheureux, tristes ou en colère. C'est, par exemple, le cas des personnes mariées, ou amoureuses, qui ne supportent pas l'idée, ou le fait, que leur conjoint puisse les quitter. Leur désir-attachement les rend jalouses et soupçonneuses et cela abîme la relation de couple. Il en va de même pour nos biens : notre attachement aux objets peut nous rendre violents et malheureux. Apprenons donc à désirer et à posséder sans attachement. Si notre désir peut se réaliser, tant mieux! Mais si tel n'est pas le cas, ce n'est pas grave. De même, si nous pouvons conserver nos amis et nos biens, soyons dans la gratitude, mais s'ils nous sont retirés par le destin, essayons d'être aussi dans la gratitude, quelle que soit notre peine, car peut-être que cela nous aidera à grandir et à progresser dans la vie. Apprenons, comme le disaient les sages du monde antique, à distinguer ce qui dépend de nous et sur quoi nous pouvons agir – certains événements du monde extérieur et tous les événements de notre monde intérieur (nos émotions, nos sentiments, nos pulsions, nos pensées…) – de ce qui ne dépend pas de nous : les événements du monde extérieur sur lesquels nous n'avons aucune prise. Le détachement nous conduit à l'acceptation de ce que nous ne pouvons pas changer. »

Après un silence, un jeune homme demanda à Tenzin : « Tu veux dire qu'il faut apprendre à se résigner lorsque notre volonté est contrariée par la vie ?

— Non ! La résignation est passive. Nous nous résignons lorsque nous subissons une situation, et cette résignation nous plonge dans la colère ou la tristesse. Tandis que l'acceptation est active, car elle nous fait adhérer à la vie et au réel, même lorsque ceux-ci vont à l'encontre de nos souhaits. Ce « oui » à la vie nous plonge dans un état de paix, voire parfois de joie, car notre cœur se réjouit d'avoir été capable d'adhérer au réel, plutôt que de lui avoir résisté par la contrariété, le déni, la colère, la tristesse ou le ressentiment.

— Es-tu certain que tu ne seras pas contrarié si tu ne retrouves jamais la jeune femme que ton cœur aime ? reprit le jeune homme.

— Je serai forcément déçu ! Mais j'essayerai de dépasser cette déception en me disant que j'aurais fait tout ce qui était en mon pouvoir pour la rejoindre. Si je n'y suis pas parvenu, c'est que le destin en aura décidé autrement. J'essayerai alors de l'accepter de tout mon cœur, car je place l'amour de la vie et du destin au-dessus de tous mes autres amours.

« Ne vous efforcez-vous pas d'aimer vos enfants de manière inconditionnelle ? C'est-à-dire de les aimer quoi qu'ils fassent ? Quoi qu'ils décident ? Quoi qu'ils deviennent ? Ne continuerez-vous pas de les aimer s'ils choisissent un chemin différent du vôtre, et même s'ils commettent un crime ? Eh bien, c'est ainsi que j'essaye d'aimer la vie ! Je m'efforce de l'aimer avec ses hauts et ses bas. Avec ses moments agréables et ses moments douloureux. À travers ses naissances et ses finitudes. Avec ses joies et ses tristesses. Lorsqu'elle se conforme à mes désirs, ou lorsqu'elle les contrarie. La vie n'est pas belle en soi. Elle est belle parce que je la trouve belle et que j'apprends, chaque jour davantage, à l'aimer comme elle est, parfois modelable, parfois indomptable, et non pas uniquement comme je voudrais qu'elle soit, sous mon entier contrôle. »

21

Souffrance

Après un moment, une femme rompit le silence : «Tes paroles sont belles, jeune homme, mais qui peut les mettre en pratique? Comme beaucoup ici, j'ai perdu la plupart de mes proches et tous mes biens dans la Grande Catastrophe. Un de mes fils avait survécu et il est mort l'année dernière, attaqué par une bête sauvage. Je suis atteinte d'une maladie incurable qui me fait souffrir du matin au soir. Et tu me demandes d'aimer la vie et de me réjouir! La vie est dure, souvent cruelle, et la souffrance est l'expérience la mieux partagée des humains, voilà ce que je pense!» Tenzin ferma les yeux et rentra en lui-même. Il savait que cette femme disait vrai. Et en même temps, il savait aussi que ce qu'il pensait et enseignait était tout aussi vrai. Comment le faire comprendre à cette femme qui souffre tant, se disait-il. Après un moment, il ouvrit les yeux et regarda la vieille femme au plus profond d'elle-même. Puis il prit la parole :

« Je sais de quoi tu parles, femme. J'ai moi-même perdu ou été éloigné de tous les êtres qui m'étaient chers. J'ai connu la soif, le froid, la faim, la maladie et l'insécurité. J'ai aussi été élevé dans une tradition spirituelle qui enseigne que, sur cette terre, tout est souffrance : nous souffrons de tous ces maux, mais nous souffrons aussi de tout ce que nous ne pouvons obtenir ou de ce que nous avons peur de perdre. Nous souffrons de naître et l'idée de mourir nous fait également souffrir. Oui, la souffrance est le lot commun de l'humanité et je n'ai rien à répondre à cela. » Tenzin resta silencieux quelques instants avant de poursuivre :

« Mais je peux te dire deux choses d'après ce que j'ai compris de la vie. La première, c'est que le refus de la souffrance nous fait souffrir davantage encore. Tu es malade et ta maladie fait souffrir ton corps. Mais à cette douleur, tu ajoutes celle du ressentiment envers la vie d'être malade. À la souffrance de ton corps, tu ajoutes celle de ton esprit qui refuse la maladie et qui est triste et en colère. Refuser la souffrance nous fait souffrir deux fois. Accepter la souffrance, lorsque rien ne peut la soulager, renforce notre esprit. Nous pouvons alors conserver une paix intérieure qui nous aidera à mieux lutter contre les maux du corps. Car le corps et l'esprit sont intimement liés : tout ce qui se produit dans notre corps affecte notre esprit et tout ce qui se produit dans notre esprit affecte notre corps.

« La seconde chose, poursuivit Tenzin, même si la souffrance est inévitable et omniprésente, de la naissance à la mort, la vie n'est pas que souffrance ! Elle nous offre aussi de nombreux plaisirs au quotidien : nous désaltérer lorsque nous avons soif, manger lorsque nous avons faim, et parfois des mets très savoureux ! Faire l'amour avec notre conjoint ou échanger des moments de tendresse avec nos proches. Regarder la beauté de la lumière ou écouter le chant plaisant des oiseaux. Nous plonger dans de l'eau rafraîchissante lorsque nous avons chaud, ou nous réchauffer près du feu lorsque nous avons froid. Ces plaisirs peuvent devenir des joies profondes, comme le sont celles de l'amour partagé, de la contemplation de la beauté du monde, des naissances ou des guérisons. La vie est tissée de souffrances et de plaisirs, de peines et de joies. Se le rappeler lorsque nous souffrons peut être d'un grand secours. Car la souffrance hypnotise notre esprit et nous en venons à oublier tous les moments heureux de notre existence. Considérer la vie dans sa globalité, aide notre esprit à ne pas être sidéré par la douleur présente.

« J'ai récemment été victime d'un empoisonnement et j'ai été plusieurs jours entre la vie et la mort, avec de grandes douleurs au ventre. Ce qui m'a aidé à traverser cette épreuve a été de repenser à des moments heureux de mon existence. À ceux que j'aime et que j'ai aimés. De regarder la beauté de la lumière de l'aube et du ciel étoilé. De ressentir la compassion de celle qui m'a soigné alors que je n'étais qu'un inconnu pour elle. De tourner mes pensées vers la jeune femme que j'espère retrouver. Toutes ces sensations et ces pensées ont réconforté mon cœur et mon esprit. Elles les ont aussi renforcés et m'ont aidé à guérir. Ne pas voir que le malheur, ne pas concentrer toute notre attention sur la douleur présente, orienter notre esprit vers ce qui nous réconforte et considérer la vie comme un tout indivisible – avec ses peines et ses joies, ses hauts et ses bas : tout cela peut nous permettre de continuer à l'aimer, même dans l'épreuve. »

22

Liberté

Les villageois apprécièrent ses propos et demandèrent à Tenzin de rester parmi eux. Il séjourna encore quelques jours auprès de ces hommes et de ces femmes, assoiffés de compréhension du monde et d'eux-mêmes. Puis un matin, peu avant le lever du jour, il reprit la route. Il marcha longtemps sans rencontrer personne. Il survivait de cueillette. Il se rapprochait maintenant de l'ancien continent européen et se disait que si Natina avait survécu et que son cœur l'avait poussée à aller vers l'orient, ils ne tarderaient peut-être pas à se retrouver. Il continuait d'utiliser sa baguette à chaque bifurcation et son chemin le conduisait immanquablement vers l'occident.

Un matin, il croisa un groupe de quelques familles qui avaient formé une petite communauté. Il s'aperçut que sa renommée ne l'avait pas encore précédé dans cette région. Il resta se reposer et accepta le gîte et le couvert. Ces gens étaient heureux de parler à un voyageur. Lors de la conversation, Tenzin évoqua son histoire et ses hôtes étaient curieux de l'entendre parler de la vie spirituelle. Un homme lui demanda : « Peux-tu nous parler de la liberté ? Dans l'Ancien Monde, je vivais dans une grande ville, j'étais riche, célibataire et je pouvais faire presque tout ce que je voulais. Maintenant, je vis avec très peu de choses dans cette petite communauté, j'ai une famille et je travaille la terre, ce qui est un labeur très contraignant. Pourtant, parfois, j'ai le sentiment de me sentir plus libre qu'avant ! » Tenzin lui répondit :

« Tu ressens quelque chose d'essentiel ! La liberté, en effet, a plusieurs dimensions. La plus extérieure, celle que tu ressentais avant, c'est d'avoir le plus de choix possible. Tu pouvais changer de métier, de lieu de vie ou de partenaire selon tes désirs. Tu avais organisé ta vie pour avoir le moins de contraintes extérieures possible. Aujourd'hui, il en va tout autrement : tu as choisi de t'enraciner dans une famille, une communauté et tu n'as guère la possibilité de faire autre chose que travailler la terre pour vivre. Tu es donc beaucoup plus tenu par des liens. Mais ces liens, tu les as choisis, soit parce qu'ils t'apportent du bonheur, soit parce que tu ne peux pas faire autrement pour vivre, ou survivre, dans les meilleures conditions. C'est pourquoi tu ne les perçois pas comme une entrave à ta liberté. Tu n'as plus besoin, comme avant, de sentir que tu peux tout changer dans ta vie, à chaque instant, pour te sentir libre et heureux. Tu es satisfait de ton existence et tu ne restes pas dans ces engagements, contraint et forcé par quiconque. Tu as découvert que l'engagement et l'ancrage ne constituent pas une aliénation, comme tu l'imaginais auparavant, mais une libération. Tu pourrais à tout moment partir, mais tu ne le fais pas : donc personne n'aliène ta liberté. Tu as découvert, au contraire, que tu pouvais t'épanouir en profondeur dans ces liens choisis. Tu as expérimenté une autre dimension, plus profonde et intérieure, de la liberté : celle de consentir à la contrainte. Tant celle du destin que celle que tu t'es toi-même imposée. Lorsque tu n'opposes plus engagement ou contrainte à liberté, alors tu deviens plus libre. » Le regard de l'homme s'illumina. Tenzin poursuivit après un temps de silence :

« Il existe un autre niveau, encore plus intérieur, de la liberté. Celui d'être maître de soi, c'est-à-dire de ses pulsions, de ses émotions et de ses désirs. Mais aussi de ses pensées et de ses croyances. La plupart des humains sont entièrement mus par des croyances, des pensées et des affects qui échappent à leur conscience. Ils agissent en fonction de ce que leur ego et leur mental leur dictent, sans savoir qu'ils sont le fruit de tous les conditionnements qu'ils ont reçus depuis l'enfance. Ils pensent être libres, mais sont en fait déterminés par l'ensemble de ces conditionnements. En vérité, l'être humain ne naît pas libre : il peut le devenir par un long et patient effort de lucidité, de connaissance et de création de soi. Alors ses idées et ses croyances deviendront plus justes et ses affects mieux adaptés. Il ne sera plus l'esclave de ses pulsions et de ses désirs, de ses pensées et de ses croyances erronées, mais le maître de sa propre existence. Il ne subira plus sa vie, mais en sera le créateur. Voilà, ô survivants, la vérité ultime sur la liberté que j'ai comprise en écoutant les sages de toutes les anciennes traditions et en l'expérimentant par moi-même. »

23

Les saisons de la vie

Une femme prit la parole : «Je suis entrée dans l'âge de la vieillesse et je dois m'adapter aux nouvelles contraintes de mon corps et de mon esprit, qui ne sont plus aussi agiles qu'avant. Peux-tu nous parler des âges de la vie? Comment les traverser au mieux et en comprendre les forces et les faiblesses?» Tenzin sourit.

«Il me sera difficile de te parler de la vieillesse, ô femme, car je n'en ai guère encore fait l'expérience!» L'assistance rit de bon cœur. Tenzin poursuivit. «Je pourrai t'en parler un peu à partir de ce que des personnes âgées m'ont confié depuis toutes ces années où je parcours le monde. Il me sera cependant plus aisé de te parler des autres âges de la vie. L'existence de chaque individu, lorsqu'elle peut suivre son déroulement naturel sans être brutalement interrompue, passe par quatre grandes étapes, telles les saisons de la nature : l'enfance, l'adolescence, la maturité et la vieillesse. Chaque saison de notre vie présente des forces et des faiblesses, comme tu l'as dit, et offre de nouvelles opportunités.

« L'enfance est le printemps de notre existence. C'est l'âge des éclosions, des découvertes, des explorations, des premiers apprentissages. L'enfant est faible et vulnérable. Sans le soin et l'amour des adultes, il ne peut survivre. Il est fragile comme la petite fleur tendre qui jaillit au bord du chemin, mais que n'importe quel passant peut écraser, ou n'importe quel coup de vent emporter. Mais l'enfant, du fait même de sa fragilité, attire l'attention des adultes et il est souvent le cœur vibrant de la communauté. Il est la promesse de l'avenir, de la vie qui continue. L'enfant rappelle aussi aux adultes les qualités les plus essentielles, qu'ils ont souvent oubliées avec les soucis de la maturité : la spontanéité, la simplicité, l'émerveillement. Sa plus grande force, c'est qu'il vit naturellement dans l'instant présent et dans la joie. C'est pourquoi certains sages de l'Ancien Monde disaient qu'il fallait redevenir comme des petits enfants. Mais l'enfant doit aussi apprendre à accepter la contrainte, l'effort, la discipline. Il doit apprendre à s'aimer et à se faire respecter tout en respectant aussi les autres et en développant le goût du partage et de la solidarité. Parce qu'il est immensément ouvert, il peut tout apprendre et recevoir. Mais c'est aussi ce qui le rend vulnérable s'il est mal entouré. C'est pourquoi il est si important d'aimer les enfants d'un amour inconditionnel, tout en les éduquant.

— En quoi consiste l'essentiel de l'éducation ? demanda une jeune maman.

— L'éducation a trois missions. La première vise à aider les enfants à devenir autonomes, c'est-à-dire à être capables de survivre et de vivre le mieux possible au sein du monde dans lequel ils évoluent. La seconde consiste à leur donner confiance en eux et à les aider à développer leurs qualités propres, leurs dons, leur intelligence, leur jugement personnel, afin qu'ils puissent s'épanouir selon leur nature singulière. La troisième consiste à leur apprendre à vivre en harmonie avec les autres vivants et à devenir des êtres humains responsables. Pour cela, il faut les aider à développer les qualités et les vertus de justice, de courage, de générosité, de respect, de bienveillance, de tolérance... »

Un petit enfant rit et son rire se communiqua à toute l'assemblée. Après un moment de pause doux et joyeux, Tenzin poursuivit :

« Vient ensuite la saison de l'adolescence et du début de l'âge adulte. L'individu prend son essor, il grandit en taille et déploie sa force musculaire. Il développe aussi son intelligence et ses connaissances de lui-même et du monde. Il cherche sa voie et quitte le cocon familial pour construire sa vie. C'est une période difficile pour beaucoup et tissée de paradoxes. L'adolescent est souvent partagé entre son besoin de sécurité, qui le rattache encore à sa famille, et son désir d'indépendance, qui le pousse à s'en émanciper. Il est partagé entre la nécessité de continuer d'apprendre des adultes et son envie, tout aussi légitime, de s'affirmer et de penser par lui-même. Bien souvent, il tente de s'émanciper de sa famille en se reliant à une nouvelle communauté : celle des autres adolescents qu'il côtoie. C'est une bonne démarche, mais qui présente un écueil, dans lequel il tombe souvent : celui de vouloir imiter les autres pour être accepté et reconnu, quitte à ne plus être fidèle à lui-même et à perdre son esprit critique. L'adolescent est aussi bouleversé par la découverte de sa sexualité. Il doit apprendre à gérer les transformations de son corps, des pulsions nouvelles, de puissants désirs de séduire, d'aimer et d'être aimé. Il est conditionné dans ses relations amoureuses par tout ce qu'il a vécu enfant : par la confiance et l'estime de lui-même qu'il a développées, ou non; par le respect que lui ont adressé, ou non, les adultes, notamment vis-à-vis de son corps; par l'amour qu'il a reçu, conditionnel ou inconditionnel, ou parfois par la maltraitance dont il a été victime.

Une fois l'adolescence finie, le jeune adulte entend prendre sa place dans le groupe humain dans lequel il évolue. Tous ses choix sont aussi conditionnés par ce qu'il a vécu auparavant, mais il essaye de prendre les meilleures décisions possibles pour s'épanouir et être utile à sa communauté. Il s'engage dans une activité, il fonde le plus souvent une famille, il développe des talents créatifs, ou s'implique dans des activités humanitaires. C'est l'âge solaire de sa vie, celui où son corps et son cerveau offrent le maximum de leurs capacités, où il développe ses ambitions, où il est au sommet de sa séduction physique.

« Vient ensuite l'âge de la maturité, qui s'apparente à la fin de l'été et au début de l'automne : c'est l'âge où l'on récolte ce qu'on a semé. C'est aussi l'âge où l'on fait un premier bilan de son existence. J'ai vu que beaucoup d'adultes s'interrogent, à mi-vie, sur le sens de leur parcours, sur la pertinence de leurs choix passés. Ils réorientent assez souvent leur vie amoureuse ou professionnelle. Ils cherchent des personnes ou des activités qui leur correspondent davantage. C'est souvent une bonne chose, même si j'ai pu observer que ces choix peuvent aussi être mus par des pulsions immatures, chez des personnes qui cherchent à vivre une seconde adolescence et à se libérer brutalement de tous leurs engagements. L'automne de la vie se poursuit et l'individu qui a fait les bons choix vivra alors souvent les moments les plus joyeux et sereins de son existence.

« Arrivera alors, progressivement, la dernière saison de la vie : la vieillesse. Comme l'hiver, c'est un temps de ralentissement. Le corps n'est plus aussi vigoureux et la santé peut s'altérer, la mémoire fait parfois défaut et, avec le grand âge, l'individu devient de plus en plus dépendant de son entourage.

Cette période fait d'ailleurs étonnamment écho à celle de l'enfance. Les personnes âgées peuvent ressembler aux enfants à bien des égards, non seulement par cette dépendance aux autres, mais aussi par leurs qualités et leurs défauts : ils sont simples ou capricieux, joyeux ou râleurs, dans l'acceptation ou dans la colère. Tout dépend, me semble-t-il des qualités de cœur et de l'état d'esprit qu'ils ont développés au cours de leur existence. J'ai vu des personnes âgées joyeuses, généreuses et qu'un rien amusait, comme les petits enfants ! J'en ai vu aussi égoïstes et jamais satisfaites, comme peuvent l'être aussi les enfants lorsqu'ils grandissent. Cet hiver de la vie est aussi, comme dans la nature, un temps de silence et d'intériorité. J'ai pu observer que les humains qui ont développé une vie intérieure riche le traversent beaucoup plus sereinement que les autres, qui ne font souvent que déplorer ce qu'ils ont perdu et ce qu'ils ne sont plus. Ils savent goûter ce ralentissement et cette fragilité comme une ultime opportunité de croissance intérieure, d'acceptation de la vie et de communion aux autres. De retour à l'essentiel. »

24

Dieu

Natina marchait depuis plusieurs semaines sans avoir échangé un seul mot avec quiconque. Elle évitait les quelques villages qu'elle apercevait sur sa route. La nature suffisait à la nourrir. Elle méditait sans cesse les événements dramatiques qu'elle avait vécus. Elle ne se sentait plus digne de transmettre la sagesse et, par conséquent, avait perdu sa principale raison de vivre. Elle progressait vers l'est, dans l'espoir de retrouver Tenzin, tout en doutant de plus en plus de ses chances d'y parvenir. Son cœur était las.

C'est alors qu'elle assista à une scène terrible qui résonnait comme une nouvelle épreuve. Alors qu'elle traversait un bois, elle entendit des voix d'hommes et de femmes qui hurlaient. Elle s'approcha à grands pas et rejoignit bientôt une grosse ferme isolée. Elle se cacha et observa.

Une dizaine d'hommes armés venaient de kidnapper une jeune fille aux longs cheveux dorés. Ils étaient très étrangement vêtus, tous de manière similaire, et leur visage était entièrement recouvert d'ocre rouge. Lorsqu'ils se furent éloignés, Natina alla voir les fermiers. Ils étaient en pleurs et ils lui expliquèrent que ces hommes faisaient partie d'une secte. Les adeptes de celle-ci offraient, à chaque solstice, une jeune fille vierge en sacrifice à la divinité qu'ils vénéraient. Deux fois par an, ils écumaient la région en quête d'une nouvelle victime et ce couple de malheureux fermiers n'avait pas réussi à cacher sa fille à temps.

Divers groupuscules religieux avaient fleuri, çà et là, depuis la Grande Catastrophe et l'effondrement des religions. C'était la première fois que Natina était face à une secte qui pratiquait des sacrifices humains. Elle fut bouleversée par la détresse de ces parents, dont la pauvre enfant allait bientôt être tuée au nom d'une croyance absurde, comme cela avait tant de fois existé dans l'Ancien Monde. Elle prit une grave décision, l'une des plus importantes de sa jeune existence, et partit sur les traces des hommes qui avaient kidnappé l'adolescente.

Elle les rattrapa rapidement et demanda à parler à leur chef. Un homme plus âgé se présenta et lui demanda ce qu'elle voulait. « Prendre la place de cette jeune fille », répondit Natina d'un ton assuré. « Je suis vierge et j'ai aussi de longs cheveux blonds, dit-elle en détachant sa coiffure devant ces hommes médusés.

— Sais-tu au moins ce qui t'attend ? lui rétorqua l'homme.

— Oui. La mort.

— Pourquoi fais-tu ça, alors ?

— Et vous ? Pourquoi agissez-vous ainsi ?

— C'est en offrant du sang humain pur à notre Terre-Mère divine que l'on apaisera à l'avenir sa colère.

— Qui vous a mis cette croyance en tête ?

— Notre guide.

— Où est-il, ce guide ?

— À deux jours de marche d'ici, dans notre cité dédiée à la Terre-Mère divine.

— Libérez cette jeune fille et conduisez-moi à lui, poursuivit Natina d'un ton déterminé qui surprit son interlocuteur.

— Je ne crois pas un instant en tes chances de convaincre notre guide de t'épargner, répondit l'homme une fois sa surprise passée.

— Eh bien alors je mourrai ! reprit Natina. Dans combien de temps doit avoir lieu le sacrifice ?

— Dans une demie lune, au solstice d'été.

— Très bien : conduisez-moi à votre cité et libérez cette jeune femme. » Après en avoir parlé avec les autres adeptes, l'homme accepta l'échange. La jeune fille s'enfuit à toutes jambes retrouver sa famille.

Au soir du deuxième jour, la petite troupe arriva à la cité des adeptes de la Terre-Mère divine. En fait de cité, il s'agissait d'une vingtaine de petites huttes en torchis, en contrebas d'une colline boisée, au sommet de laquelle les adeptes de la secte avaient édifié une stèle sacrificielle en pierre taillée, recouverte d'ocre rouge. Dès le lendemain matin, Natina fut conduite dans la hutte du fondateur de la secte. L'homme n'avait nullement l'apparence d'un monstre. Il était fin, à peine âgé d'une quarantaine d'années et avait un beau regard bleu. Il fixa Natina droit dans les yeux. « Ainsi étrangère, tu es prête à donner ta vie pour apaiser la colère de la Terre-Mère divine ?

— Non ! répondit la jeune femme sans hésiter. Je suis prête à donner ma vie pour épargner celle d'une jeune fille innocente, arrachée à sa famille pour satisfaire votre culte sanglant.» L'homme fut surpris par la réponse brutale de Natina. Il poursuivit sur un ton moins avenant :

«Tu désapprouves donc les principes de notre culte ?

— Aucun culte religieux ne devrait utiliser la violence. La non-violence et le respect de la vie devraient être au fondement de toute religion.» L'homme esquissa un sourire ironique.

«Et pourquoi donc, puisque la violence est au cœur même de la vie ? La Terre-Mère divine, que nous vénérons, n'a-t-elle pas fait preuve d'une incroyable violence en exterminant la grande majorité des êtres vivants qui la peuplaient ? Cela était nécessaire pour restaurer l'ordre et la justice qu'avaient bafoués les humains dans leur arrogance et leur prétention à tout dominer et à tout maîtriser ! En comparaison, les modestes sacrifices que nous offrons à notre Terre-Mère divine, en signe de notre dévotion, ne sont pas grand-chose !» Natina était stupéfaite par l'argument de celui que ses adeptes considéraient comme leur guide. Elle tenta de le convaincre de son erreur et poursuivit sur un ton plus apaisé, favorable à une discussion de fond.

« La Nature, tu as raison, a réagi de manière violente à la prédation humaine qui a perturbé ou détruit l'harmonie de ses écosystèmes. Mais il ne s'agit nullement d'une punition intentionnelle, comme celle qu'exercerait un dieu justicier. Il s'agit tout simplement des effets produits par les actions humaines. Et je ne vois pas en quoi la Nature, dont les lois naturelles visent toujours à rétablir l'harmonie, aurait besoin du sang de victimes innocentes.

— Notre Terre-Mère divine est plus que la Nature, au sens naturaliste où tu l'entends, elle est l'intelligence créatrice qui a instauré toutes les lois du monde et veille à leur juste respect.

— Je crois aussi qu'il y a une intelligence à l'œuvre dans le cosmos, principe d'harmonie du Tout, que les philosophes antiques appelaient "l'Âme du monde". Mais il me semble absurde de lui offrir des cadeaux, de surcroît des êtres vivants en sacrifice, pour apaiser sa prétendue colère. C'est ainsi qu'ont pensé les humains de l'Ancien Monde, comme si on pouvait acheter la bienveillance de Dieu, ou du principe divin, par des offrandes, des prières ou des sacrifices ! Je ne voudrais pas, quant à moi, d'un tel dieu qui agirait de manière aussi humaine, et dans ce que l'humain a de plus trivial : donnant-donnant. » Natina regardait aussi le guide droit dans les yeux et son ton était à la fois empreint de douceur et de fermeté. L'homme ne se départait pas d'un petit sourire narquois. Il lui répondit après un petit temps de silence :

« Tu parles comme les philosophes de l'Ancien Monde, parce que tu n'as pas eu la Révélation de la Terre-Mère divine, comme ce fut mon cas. Elle m'a élu pour répandre son culte. » Natina changea de ton, car elle voyait que son interlocuteur était enfermé dans ses certitudes et hermétique à tout dialogue. Elle sentait une colère monter en elle, qu'elle essayait tant bien que mal de contenir.

« Tu condamnes les pratiques des humains de l'Ancien Monde et tu te réjouis de sa destruction, mais tu reproduis les mêmes erreurs et mensonges. Je ne sais si tu es un illuminé ou un cynique, mais je pense que ta croyance est mue par un besoin de domination et n'est en rien inspirée par l'amour. » Le guide éclata de rire :

« L'amour ! Ah, ah, ah ! Voici donc l'illusion à laquelle tu crois, comme ces religions stupides du passé. L'amour n'existe pas dans la Nature. C'est la force qui est maîtresse du monde. L'amour est une invention des faibles pour essayer de supporter le poids trop lourd de leur misérable existence. La Terre-Mère divine est puissante et parfois cruelle. Elle n'a que faire des faibles qui prêchent l'amour. Elles apprécient les forts qui la craignent et n'ont pas peur de verser le sang de leur propre race pour lui prouver leur force d'âme et leur loyauté.

— Quelle force d'âme faut-il pour tuer une jeune femme que tu ne connais pas et que tes adeptes vont arracher à sa famille ? Tu es un lâche. Mais sans doute aussi un fou, et ta folie est meurtrière ! » L'homme cessa de sourire. Il répondit à Natina, d'une voix glacée :

« Il est inutile d'essayer de te convaincre. Tu es une impie. La Terre-Mère divine se réjouira d'autant plus de s'abreuver de ton sang. »

25

Mort et renaissance

Natina resta un moment silencieuse. Puis elle dit finalement : « Je n'ai pas peur de mourir. » Le guide plissa les yeux et la scruta davantage, comme s'il voulait sonder son âme.

« Et pourquoi donc ? Tu n'es pas attachée à la vie ?

— J'aime la vie par-dessus tout.

— Alors quoi ?

— Pour moi, la mort n'est pas la fin de la vie. Ce qu'on appelle la mort n'est que la fin de ce corps matériel. Je crois en l'immortalité de l'esprit, qui poursuivra son chemin, sur cette terre ou ailleurs, après la disparition de notre corps mortel. Comme la naissance, la mort n'est qu'un passage.

— L'immortalité de l'âme ! Beau concept des sages de l'Ancien Monde pour mieux supporter l'idée de la mort. Seule la Terre-Mère divine est immortelle. Nous autres, ses misérables créatures – hommes, plantes ou animaux –, sommes tous éphémères. La conscience humaine a émergé de la glaise pour reconnaître la puissance de la Terre-Mère divine et lui vouer un culte, ce qui me plonge dans une joie intense. Mais nous périrons tous à jamais, comme les fleurs, les insectes ou les brins d'herbe.

— Je crois au contraire que l'esprit de chaque être est éternel : il émane de l'Âme du monde et retournera s'unir à elle après un long cheminement, d'existence en existence : sur cette planète, dans d'autres univers, ou même dans d'autres dimensions qu'il nous est impossible de concevoir.

— Et dans quel but ?

— Celui d'expérimenter la vie à travers son infinie variété et de progresser toujours plus en conscience et en amour, ces deux énergies fondamentales du divin.

— Quelle belle histoire ! Et quand je pense que tu me crois fou !

— J'admets que cette intime conviction repose sur une croyance, comme pour toi. Mais la différence, c'est que ta croyance te conduit à prendre des vies, alors que la mienne m'incite à en sauver. » Le guide appela un garde et congédia Natina. Il demanda à trois femmes du clan de vérifier sa virginité et de prendre soin d'elle jusqu'au jour du sacrifice.

Lorsque le temps fut arrivé, on habilla Natina d'une longue robe blanche et tout son corps fut enduit d'ocre rouge. Après le coucher du soleil, tous les adeptes de la secte, une centaine en comptant les enfants, se rendirent en procession jusqu'au sommet de la colline. Éclairés par des torches, ils chantaient des cantiques en hommage à la Terre-Mère divine. Natina fut ligotée sur la pierre sacrificielle. Le guide se plaça au-dessus d'elle. Il tenait un long couteau effilé, avec lequel il avait l'intention de l'égorger. Ses gardiennes lui avaient proposé de boire une potion apaisante, qui l'aurait rendue presque inconsciente au moment du sacrifice, mais Natina avait refusé. Elle voulait être consciente jusqu'au bout. Son cœur avait retrouvé la paix. Sa vie, alors qu'elle allait bientôt s'achever dans cette existence, avait retrouvé un sens. Sa mort, dictée par l'amour, vertu suprême de la sagesse, était conforme à son idéal élevé. Elle se sentait en profonde cohérence.

Seule une ombre planait sur son esprit apaisé : la tristesse de n'avoir pas revu Tenzin.

La nuit précédente, elle avait encore rêvé de lui et jamais elle ne l'avait senti aussi proche. Elle se disait qu'il était peut-être mort et que leurs âmes seraient bientôt amenées à se retrouver dans une autre dimension. Cette pensée mettait un peu de baume à son cœur.

Au moment où la lune fut à son apogée, les chants cessèrent et les torches s'éteignirent. Tous contemplaient la stèle du sacrifice, éclairée par la douce lumière de l'astre nocturne. Le guide s'avança jusqu'à Natina. Il leva les bras et les yeux vers le ciel et dédia une longue prière à la Terre-Mère divine. Puis il approcha sa lame de la gorge de la jeune femme. Natina regarda la lune une dernière fois. « Que ce monde est beau ! » murmura-t-elle. Puis elle ferma les yeux. Le guide se saisit de la chevelure de la jeune femme d'une main et s'apprêta à l'égorger de l'autre.

Il fut interrompu par un murmure venu de l'assistance. Il leva les yeux et vit, derrière les adeptes, une multitude de petits points jaunes qui s'approchaient du cercle. « Des loups ! Des dizaines de loups ! » se mit à hurler la foule apeurée. Nul n'était armé, car il était inhabituel de croiser des loups en ce lieu. Pris de panique, les adeptes coururent aussi vite que possible vers le village. Le guide resta pétrifié un moment, puis il décida d'aller jusqu'au bout du sacrifice. Il leva son avant-bras pour planter sa lame dans la gorge de Natina. Une main ferme lui saisit le poignet. La lame tomba sur la roche. La main le projeta sur le sol, en contrebas de la stèle sacrificielle. Il roula sur une dizaine de mètres et les loups se précipitèrent pour le déchiqueter. Natina entendit son cri et elle rouvrit les yeux, sans comprendre ce qui était arrivé. Elle aperçut alors, à peine éclairé par la lune, un visage qui lui était familier. Après un moment de stupeur, elle murmura : « Tenzin ? » Le jeune homme coupa ses liens et la serra dans ses bras avec force : « Natina, enfin… »

Après une longue étreinte silencieuse, pendant laquelle ils pleurèrent abondamment, Tenzin murmura à Natina : « Fuyons avant qu'ils ne reviennent armés. » Il la saisit par la main et ils coururent aussi longtemps qu'ils le purent, tandis que les loups disparaissaient aussi mystérieusement qu'ils étaient apparus. Une fois en sécurité, ils s'assoupirent l'un contre l'autre au pied d'un grand chêne. Ce n'est qu'au petit matin, lorsque le soleil vint caresser leur visage, qu'ils parlèrent de leur vie et des événements récents. Ils avaient tant de choses à partager qu'ils ne savaient par quel bout commencer. Ils partirent d'un grand éclat de rire et Natina demanda à Tenzin comment il était parvenu à la retrouver et à la sauver, avec l'aide des loups. Le jeune homme lui parla de la baguette offerte par la guérisseuse qui l'avait conduit jusqu'à la cité où elle était prisonnière. Depuis une dizaine de jours, son esprit s'était relié à elle de manière beaucoup plus intense, et il la sentait en grand danger. Il avait donc accéléré son pas et avait fini par arriver jusqu'au village où elle était retenue par la secte. Il comprit vite qu'il ne parviendrait pas à la libérer seul. Il eut alors l'idée d'appeler des loups à la rescousse. Il médita une nuit entière et parvint à entrer en contact avec une meute qui était pourtant assez éloignée. Les loups parvinrent à le rejoindre le jour même de la cérémonie, et il leur demanda de rester cachés dans les bois jusqu'au soir du sacrifice.

Natina n'en revenait pas : en quelques heures, son destin avait basculé d'une manière à la fois si brutale et heureuse qu'elle se demandait si elle n'était pas dans une autre dimension : celle du monde des rêves ou de l'au-delà. Et pourtant tout était bien réel : l'odeur de la peau de Tenzin qu'elle n'avait pas oubliée malgré les années, les palpitations de son cœur, la soif qui la tenaillait, l'ocre qui recouvrait son corps... Elle avait besoin de se laver, alors ils se rendirent à une mare. Elle ôta sa robe sacrificielle et se baigna entièrement nue. Tenzin la regarda avec émotion. L'adolescente qu'il avait connue était devenue une femme magnifique. Il se rendit compte que son corps la désirait avec la même force que son âme l'aimait.

Après avoir bu et mangé, ils poursuivirent leur route pour mettre le plus de distance possible entre eux et les adeptes de la secte. Pendant qu'ils cheminaient à grands pas, ils se racontèrent tout ce qu'ils avaient vécu pendant ces nombreuses années où ils avaient été séparés. Tenzin apprit avec douleur la mort de la mère de Natina et cette dernière celle du vieux lama qui avait élevé le jeune garçon. Ils se doutèrent que tous les sages dont ils avaient reçu les enseignements au monastère de Toulanka avaient probablement péri lors de la Grande Catastrophe. Tenzin lui lut la lettre de sa précédente incarnation et Natina en ressentit une profonde émotion. Cela confirmait leur mission, qui parfois lui pesait tant. Ils décidèrent de la poursuivre ensemble et mirent la baguette de bois entre eux pendant plusieurs nuits, pensant ardemment au bien de tous les êtres vivants, afin qu'elle les conduise là où ils pourraient être le plus être utiles aux autres.

Leur amour ne cessait de croître, de même que leur désir l'un pour l'autre. Une nuit, Natina s'allongea nue sur Tenzin et l'embrassa sur les lèvres. Tenzin pleura de joie et ils s'enlacèrent pour la première fois. Ils décidèrent de demeurer unis aussi longtemps que le destin le leur permettrait.

26

Noèsis

Après avoir marché longtemps dans la nature sauvage, ils parvinrent à un col et découvrirent un magnifique paysage. Devant leurs yeux s'offrait une plaine luxuriante, avec un grand lac et une île au milieu de ce lac, où l'on pouvait deviner des constructions. Ils descendirent jusqu'aux rives du lac et virent que les habitants avaient édifié un pont en bois sur pilotis. À l'entrée du pont, ils avaient gravé sur une écorce le nom de leur village : Noèsis.

« Ma mère utilisait parfois ce terme, souffla Natina à Tenzin. Je crois que c'est un mot grec qui signifie "contemplation", ou "intuition", je ne sais plus très bien !

— C'est intéressant, et c'est la première fois que je vois le nom d'un village écrit à son entrée, répondit Tenzin.

— Moi aussi. J'ai hâte de découvrir qui sont ces gens ! »

Ils s'engagèrent sur le pont qui était assez long. Pendant leur traversée, de nombreux oiseaux et des poules d'eau qui nichaient sur le lac se joignirent à eux en gloussant ou en chantant. Lorsqu'ils arrivèrent au bout, ils virent sur l'île des hommes armés d'arcs et de flèches, et deux d'entre eux firent descendre une large planche suspendue pour relier le pont à la terre ferme.

« Bienvenue à Noèsis ! » lança l'un des hommes en saluant Tenzin et Natina. La troupe les conduisit jusqu'au centre de l'île où avaient été construites de nombreuses habitations en bois. Ils furent accueillis par les cris joyeux des enfants qui n'avaient pas vu de voyageurs depuis plusieurs mois. Un ancien leur proposa le gîte et le couvert, ce qu'ils acceptèrent volontiers.

Escortés d'une horde de petits enfants et d'une jeune femme du nom d'Osya, ils visitèrent le village et furent surpris d'y trouver une imposante forge, qui permettait de faire fondre les métaux et de fabriquer toutes sortes d'objets : outils, bijoux, flèches, ustensiles de cuisine. Puis ils passèrent devant un atelier de poterie où une dizaine d'hommes, de femmes et d'enfants s'activaient autour d'un four pour cuire des vases, des assiettes et des représentations artistiques, notamment d'êtres humains et d'animaux. Un peu plus loin, ils découvrirent des habitants devant des métiers à tisser, qui fabriquaient des couvertures en laine de brebis.

À travers toutes leurs pérégrinations, jamais Tenzin et Natina n'avaient vu de fabriques artisanales aussi développées. Quand ils arrivèrent à l'autre bout du village, ils eurent cette fois la surprise de découvrir une jolie cour ronde fleurie, avec des enfants assis en rangs en train de méditer, les yeux fermés. Sur un pan de mur, les habitants avaient déposé des sculptures représentant diverses figures et symboles des religions et spiritualités du passé. Tenzin et Natina reconnurent un chandelier à sept branches et les figures du Christ et du Bouddha. « Certains d'entre nous continuent de pratiquer leur culte », leur souffla Osya. Un peu plus loin, dans un joli jardin, d'autres personnes, enfants et adultes, faisaient des postures d'étirement et de relaxation. Ils passèrent ensuite devant un vaste patio où une dizaine d'individus s'entraînaient au tir à l'arc. En poursuivant leur marche, ils longèrent un bâtiment où de jeunes enfants récitaient des textes. Leur guide leur apprit que c'était l'école, et ils demandèrent à la visiter. Il y avait huit classes, toutes fréquentées par des enfants, des adolescents et des adultes. On enseignait une discipline différente dans chacune : la philosophie (sous forme théorique et d'ateliers de discussion) ; la psychologie et les sciences cognitives ; les langues ; les mathématiques ; les sciences de la nature ; l'histoire et la géographie ; le savoir-être et le vivre-ensemble ; l'anatomie et la médecine.

Osya expliqua aux deux visiteurs que l'agriculture, la pêche, le maniement des arcs, les activités artistiques, la méditation et les activités corporelles étaient enseignés dans d'autres lieux, comme ils avaient déjà pu s'en rendre compte. Ils passèrent en effet bientôt devant un auvent en bambou sous lequel des personnes de tous âges étaient en train de peindre ou de sculpter. Un peu plus loin, ils entendirent des sons de tambour et virent une vaste pièce où des gens dansaient au son de flûtes et de tam-tams. Ils n'en revenaient pas : tout le monde ou presque participait à des activités artisanales, artistiques, intellectuelles ou spirituelles. Lorsqu'ils eurent fini de faire le tour du village, ils retournèrent sur la place centrale où des personnes âgées préparaient le repas du soir. Ils apprirent que les habitants de Noèsis ne mangeaient pas de viande, mais des fruits, des légumes et des céréales qu'ils cultivaient et, pour ceux qui en ressentaient le besoin, du poisson qu'ils pêchaient dans le lac.

Une fois la nuit tombée, des adolescents allumèrent des feux autour desquels les villageois – plusieurs centaines – se réunirent par petits groupes pour manger. Il régnait une ambiance simple et joyeuse, agrémentée de la musique des joueurs de flûte. Tenzin et Natina furent invités à partager leur repas avec les anciens. « Nous sommes les fondateurs de Noèsis », leur expliqua un homme âgé d'une bonne soixantaine d'années. Tous se saluèrent d'un signe de la tête tout en croisant les bras sur leur poitrine. Il questionna les deux voyageurs sur leur histoire, mais ces derniers étaient eux-mêmes très désireux de connaître celle de leurs hôtes.

« Nous vous raconterons bien volontiers nos vies, dit Tenzin, mais nous brûlons, ma compagne et moi, de savoir ce qui vous a conduits à construire ce village à nul autre semblable. »

L'homme sourit et commença :

« Avec ceux qui sont réunis à cette table, et avec quelques autres qui sont malheureusement décédés, nous nous connaissions déjà avant la Grande Catastrophe. Nous étions un groupe d'intellectuels, de psychologues, d'artistes, d'agriculteurs et d'artisans qui souhaitions vivre et éduquer nos enfants autrement. Nous avions fondé un village écologique, une école alternative, et réappris des métiers anciens, ainsi qu'à cultiver la terre de manière respectueuse. Lorsque le cataclysme est arrivé, nous avons survécu grâce à ces savoirs, mais notre village a été victime de pillages. Alors nous avons décidé de chercher un lieu plus éloigné et plus sûr. Après des mois de pérégrinations, nous avons trouvé cette plaine fertile et nous avons décidé de construire un village sur cette île afin de nous protéger des pillards.

— Oui, nous avons vu qu'elle était gardée par les hommes en armes qui nous ont accueillis, répondit Tenzin. Je me suis d'ailleurs étonné qu'ils nous laissent entrer sans rien demander.

— Ils ont vu les oiseaux voler joyeusement autour de vous : c'était un signe que vous étiez des personnes aux intentions pures !

— Vous semblez tout partager…, remarqua Natina.

— Pas nos conjoints ! répondit leur hôte dans un grand éclat de rire. Mais en effet, poursuivit-il plus gravement, il n'y a ici aucune propriété privée ni aucun bien qui n'appartienne à tout le monde. Chacun apporte quelque chose à la communauté selon ses dons et chacun peut profiter de tout. Il n'y a évidemment aucune monnaie, et comme nous vivons en totale autarcie, nous n'en avons pas besoin non plus pour échanger avec d'autres villages. Il arrive parfois que des voyageurs qui partagent nos valeurs nous rejoignent ou que certains des nôtres décident de nous quitter pour aller vivre ailleurs, ou fonder d'autres villages sur le même modèle.

— Qui dirige votre communauté ? demanda Tenzin.

— Le cercle des Anciens, ses fondateurs. Et tous les deux ans, trois autres membres du village sont élus pour gouverner avec nous et veiller au respect de nos règles.

— Pourquoi avoir appelé votre village Noèsis ? » demanda à son tour Natina.

Une femme sans âge lui répondit :

« C'est un mot grec que le philosophe Platon utilisait pour évoquer l'accès à la vérité par l'intuition. Nous sommes ici tous convaincus que les hommes de l'Ancien Monde ont surdéveloppé leur rationalité logique, au détriment de l'intuition. De même, ils ont développé une connaissance et une maîtrise extraordinaires de la matière, mais celles-ci ne se sont pas accompagnées d'une connaissance et d'une maîtrise comparables de leur esprit. Au village, nous souhaitons équilibrer ces deux dimensions : la matière et l'esprit, la science et la conscience. C'est pourquoi tous nos enfants sont formés à la science, à la philosophie et à la psychologie, mais aussi à l'artisanat, à la culture et à la pêche pour nous nourrir, au maniement des arcs pour nous défendre et à diverses pratiques méditatives pour exercer notre intuition et les capacités encore peu connues de l'esprit humain. Ainsi nos jeunes commencent-ils à développer des capacités de guérison ou de communication par la seule pensée. Leur intuition ne cesse aussi de s'affiner, leur donnant accès à des connaissances nouvelles et parfois très surprenantes. »

En écoutant ces paroles, Tenzin et Natina rayonnaient de joie.

« J'ai moi-même appris à méditer dès mon plus jeune âge dans un monastère tibétain, confia Tenzin. Plus récemment, j'ai appris à communiquer en pensée et en imagination avec les animaux. Je suis convaincu que vous avez raison : notre esprit reste le dernier continent à explorer ! Et si nous y parvenons, nous n'aurons plus besoin des ondes et de l'énergie électrique pour communiquer à de lointaines distances : il nous suffira sans doute de nous concentrer et de visualiser les personnes que nous cherchons à contacter.

— En effet, mon jeune ami ! lança joyeusement un autre homme en caressant sa longue barbe blanche. Noèsis est un laboratoire d'humanité, où nous cherchons à développer des techniques artisanales qui nous apportent un minimum de confort matériel, mais aussi à explorer les pouvoirs encore bien mystérieux de notre esprit. Nous veillons également à ce que nos enfants cultivent toutes les dimensions de leur être, et pas seulement leur cerveau : leur intelligence, leur spiritualité, leur imagination, leur cœur, leur créativité et leur corps physique. Et nous leur apprenons dès le plus jeune âge à respecter les autres et tous les êtres vivants, autant qu'on le peut pour survivre.

Nous aimerions être de ces pionniers qui aident les humains à créer un monde plus harmonieux et plus sage que celui qui s'est effondré.

— Nous rêvons aussi de ce monde! s'exclama Natina.

— Il est temps que vous nous racontiez à votre tour votre histoire! lança une femme à l'autre bout de la table. Nous sommes impatients de vous entendre.»

27

Joie

De nombreux villageois s'étaient rapprochés du feu des anciens pour écouter les histoires de Natina et Tenzin. Tous furent bouleversés par leur récit. Une femme les interpella : « Vous êtes si rayonnants et vous semblez si joyeux, tels des petits enfants ! Parlez-nous de la joie ! » Leurs regards se croisèrent. Ils n'avaient jamais transmis ensemble. Tenzin esquissa un sourire et tendit la main en direction de Natina. La jeune femme ferma les yeux quelques instants, puis dit :

« La joie est le suprême désirable. À travers tout ce que nous espérons ou désirons, c'est la joie que nous recherchons. La joie d'aimer et d'être aimé, la joie de contempler, la joie de créer, la joie d'être utile, la joie de consoler, la joie de vivre.» Elle cligna des yeux à l'attention de Tenzin, qui poursuivit :

«Mais la joie, à l'inverse du plaisir, ne se décrète pas. Nous pouvons chercher le plaisir, et l'obtenir presque à coup sûr, par la satisfaction d'un besoin ou d'un désir : manger, boire, faire l'amour, s'adonner à une activité que nous aimons. La joie est une émotion beaucoup plus intense que le plaisir et elle nous tombe dessus, comme une grâce. Elle transporte notre cœur, notre esprit et notre corps.» Tenzin marqua une pause et Natina continua :

«Certes, nous ne pouvons pas programmer la joie comme il est possible de programmer le plaisir, mais nous pouvons créer un terrain favorable à l'émergence de la joie. En étant présents et attentifs à ce que nous faisons, la joie peut survenir. Si nous contemplons avec attention la beauté d'un paysage ou d'un sourire, une joie immense peut soudain inonder notre âme. De même, la joie jaillit souvent dans un cœur reconnaissant envers la vie. Si nous passons notre temps à nous plaindre et que notre cœur est plein de ressentiment, aucune joie profonde ne pourra survenir. À l'inverse, si nous pratiquons la gratitude, si nous savons remercier la vie et les autres chaque jour pour ce qu'ils nous apportent de beau, de bon ou d'utile – parfois même à travers des difficultés ou des épreuves –, alors la joie envahira souvent notre âme. Il en va de même pour la bienveillance, poursuivit Natina. Tandis que la malveillance, le fait de se réjouir du malheur des autres et de leur vouloir du mal, procure parfois des petits plaisirs, elle rend le cœur imperméable à la joie. À l'inverse, un cœur bienveillant, qui se réjouit du bonheur d'autrui et qui souhaite le meilleur aux autres, sera souvent gratifié par la joie. » La jeune femme ferma les yeux. Tenzin prit la parole :

« La joie est aussi l'expression de l'augmentation de notre puissance vitale. Plus nous sommes capables d'agir et d'agir librement, plus notre esprit est joyeux. À l'inverse, plus nous subissons notre vie, plus nous sommes enchaînés à la prison de nos passions et de nos idées ou croyances erronées, plus nous sommes dans la tristesse. La joie accompagne la croissance de notre être, de notre intelligence, de notre cœur, de notre créativité, de notre conscience. La joie est d'autant plus forte que l'effort a été intense pour y parvenir ou combler nos espoirs. » Tenzin regarda Natina : ils le savaient si bien l'un et l'autre. Natina lui sourit, puis elle poursuivit :

« La joie est le fruit d'un dévoilement. Comme l'amour, elle réside au plus profond de l'esprit et du cœur de tout être humain. La joie de vivre est naturelle chez les enfants. Elle est comme une source jaillissante. Puis les soucis de la vie, les peurs, les déceptions et les tristesses vont progressivement obstruer cette source. Il s'agit de se débarrasser des idées et des croyances erronées, des peurs, des tristesses et des colères qui empêchent la source de jaillir. L'eau pourra alors couler et inonder l'âme de joie. C'est ainsi que nous redevenons comme ces petits enfants, qui se réjouissent d'un rien, qui vivent dans l'instant présent, qui s'émerveillent de tout et ne cessent de rire ! »

Les villageois avaient le cœur en fête. Ils proposèrent à Natina et Tenzin de rester plus longtemps chez eux. Ils acceptèrent avec enthousiasme, même s'ils savaient qu'ils devraient bientôt repartir pour poursuivre leur mission.

Un jour, cependant, alors qu'ils s'apprêtaient à reprendre leur route, Natina alla trouver Tenzin : « Je crois que j'attends un enfant », lui dit-elle en tenant son ventre des deux mains. Tenzin laissa couler des larmes et serra Natina contre lui. Après une longue étreinte, il la regarda avec une lumière profonde dans les yeux : « C'est un merveilleux cadeau de la vie. Ne vaudrait-il pas mieux rester ici, parmi ces gens généreux, le temps qu'il faudra pour que l'enfant naisse et grandisse suffisamment avant que nous puissions reprendre notre chemin ? » Natina lui répondit sans hésiter : « Ça me semble être une excellente idée ! » Puis ils sortirent de leur hutte et se rendirent dans une clairière où ils aimaient venir se recueillir. Ils s'assirent dos contre dos, en posture de méditation. Ils fermèrent leurs yeux pour mieux ouvrir la fenêtre de leur âme. Et, dans le silence de leur cœur, ils laissèrent monter à l'unisson la joie de leur gratitude.

Site officiel de Frédéric Lenoir
https://www.fredericlenoir.com/

Page Facebook
@FredericLenoirOfficiel

Instagram
@fredericlenoir_officiel

Site de la fondation SEVE
Savoir être et vivre ensemble
https://seve.org/

Page Facebook
@fondationseve

Du même auteur
(ouvrages disponibles)

Fiction

La Consolation de l'ange, roman, Albin Michel, 2019 ; Le Livre de Poche, 2021.

Cœur de cristal, conte, Robert Laffont, 2014 ; Pocket, 2016.

Nina, avec Simonetta Greggio, roman, Stock, 2013 ; Le Livre de Poche, 2014.

L'Âme du monde, conte de sagesse, NiL, 2012 ; version illustrée par Alexis Chabert, NiL, 2013 ; Pocket, 2014.

L'Oracle della Luna, scénario d'une BD dessinée par Griffo, tome 1 : *Le Maître des Abruzzes* ; tome 2 : *Les Amants de Venise* ; tome 3 : *Les Hommes en rouge* ; tome 4 : *La Fille du sage* ; tome 5 : *Esther et Elena*, Glénat, 2012-2018.

La Parole perdue, avec Violette Cabesos, roman, Albin Michel, 2011 ; Le Livre de Poche, 2012.

Bonté divine !, avec Louis-Michel Colla, théâtre, Albin Michel, 2009.

L'Élu. Le fabuleux destin de George W. Bush. Sa vie, son œuvre, ce qu'il laisse au monde…, scénario d'une BD dessinée par Alexis Chabert, L'Écho des savanes, 2008.

L'Oracle della Luna, roman, Albin Michel, 2006 ; Le Livre de Poche, 2008.

La Promesse de l'ange, avec Violette Cabesos, roman, Albin Michel, 2004, prix Maison de la Presse 2004 ; Le Livre de Poche, 2006.

La Prophétie des Deux Mondes, scénario d'une BD dessinée par Alexis Chabert, tome 1 : *L'Étoile d'Ishâ*; tome 2 : *Le Pays sans retour*; tome 3 : *Solâna*; tome 4 : *La Nuit du serment*, Vent des savanes, 2003-2008.

Le Secret, fable, Albin Michel, 2001 ; Le Livre de Poche, 2003.

Essais et documents

D'un monde à l'autre. Le temps des consciences, avec Nicolas Hulot, Fayard, 2020.

Vivre ! Dans un monde imprévisible, Fayard, 2020.

Méditer à cœur ouvert, Robert Laffont, 2018 ; Pocket, 2019.

La Sagesse expliquée à ceux qui la cherchent, Seuil, 2018.

Le Miracle Spinoza, Fayard, 2017 ; Le Livre de Poche, 2019.

Lettre ouverte aux animaux (et à ceux qui les aiment), Fayard, 2017 ; Le Livre de Poche, 2018.

Philosopher et méditer avec les enfants, Albin Michel, 2016 ; Le Livre de Poche, 2020

La Puissance de la joie, Fayard, 2015 ; Le Livre de Poche, 2017.

François, le printemps de l'Évangile, Fayard, 2014 ; Le Livre de Poche, 2015.

Du bonheur, un voyage philosophique, Fayard, 2013 ; Le Livre de Poche, 2015.

La Guérison du monde, Fayard, 2012 ; Le Livre de Poche, 2014.

Petit Traité de vie intérieure, Plon, 2010 ; Pocket, 2012.

Comment Jésus est devenu Dieu, Fayard, 2010 ; Le Livre de Poche, 2012.

La Saga des francs-maçons, avec Marie-France Etchegoin, Robert Laffont, 2009 ; Points, 2010.

Socrate, Jésus, Bouddha. Trois maîtres de vie, Fayard, 2009 ; Le Livre de Poche, 2011.

Petit Traité d'histoire des religions, Plon, 2008 ; Points Essais, 2011, 2014.

Tibet, le moment de vérité, Plon, 2008, prix Livres et Droits de l'homme de la ville de Nancy ; rééd. sous le titre *Tibet, 20 clés pour comprendre*, Points Essais, 2010.

Le Christ philosophe, Plon, 2007 ; Points Essais, 2009, 2014.

Code Da Vinci : l'enquête, avec Marie-France Etchegoin, Robert Laffont, 2004 ; Points, 2006.

Les Métamorphoses de Dieu. La nouvelle spiritualité occidentale, Plon, 2003, Prix européen des écrivains de langue française 2004 ; rééd. sous le titre *Les Métamorphoses de Dieu. Des intégrismes aux nouvelles spiritualités*, Fayard, « Pluriel », 2005, 2010.

L'Épopée des Tibétains. Entre mythe et réalité, avec Laurent Deshayes, Fayard, 2002.

La Rencontre du bouddhisme et de l'Occident, Fayard, 1999 ; Albin Michel, « Spiritualités vivantes », 2001, 2012.

Le Bouddhisme en France, Fayard, 1999.

Entretiens

Oser l'émerveillement, avec Leili Anvar, Albin Michel, 2016.

Sagesse pour notre temps, avec Leili Anvar, Albin Michel, 2016.

Dieu. Petites et grandes questions pour athées et croyants, entretiens avec Marie Drucker, Robert Laffont, 2011 ; Pocket, 2013.

Mon Dieu… pourquoi ? entretiens avec l'abbé Pierre, Plon, 2005.

Mal de Terre, entretiens avec Hubert Reeves, Seuil, « Science ouverte », 2003 ; Points Sciences, 2005.

Le Moine et le Lama, entretiens avec Dom Robert Le Gall et Lama Jigmé Rinpoché, Fayard, 2001 ; Le Livre de Poche, 2003.

Sommes-nous seuls dans l'univers ? entretiens avec Jean Heidmann, Alfred Vidal-Madjar, Nicolas Prantzos et Hubert Reeves, réalisés avec Catherine David et Jean-Philippe de Tonnac, Fayard, 2000 ; Le Livre de Poche, 2002.

Entretiens sur la fin des temps, entretiens avec Jean-Claude Carrière, Jean Delumeau, Umberto Eco et Stephen Jay Gould, réalisés avec Catherine David et Jean-Philippe de Tonnac, Fayard, 1998 ; Pocket, 1999.

Le Temps de la responsabilité. Entretiens sur l'éthique, postface de Paul Ricœur, Fayard, 1991 ; « Pluriel », 2013.

Encyclopédies

La Mort et l'Immortalité. Encyclopédie des croyances et des savoirs, avec Jean-Philippe de Tonnac, Bayard, 2004.

Le Livre des sagesses, avec Ysé Tardan-Masquelier, Bayard, 2002 ; Bayard compact 2021 sous le titre *Sages, mystiques et maîtres spirituels.*

Encyclopédie des religions, avec Ysé Tardan-Masquelier, Bayard, coffret nouvelle édition, 2000.

Beau-livre

Les Chemins du sacré, Éditions de l'Observatoire, 2020.

Table

La photocomposition de cet ouvrage
a été réalisée par
GRAPHIC HAINAUT
30, rue Pierre Mathieu
59410 Anzin

Imprimé en France par CPI
en mars 2021

MIXTE
Papier
FSC FSC® C003309

L'éditeur de cet ouvrage s'engage dans une démarche
de certification FSC® qui contribue à la préservation
des forêts pour les générations futures.

Pour en savoir plus :
www.editis.com/engagement-rse/

N° d'édition : 61510/01
N° d'impression : 3042559